Lasse Los

...dennoch JA zum Leben sagen!

Lasse Los, Jahrgang 1947, Diplom-Pädagoge und Psychologe, Liedermacher und Dichtender, kurzum: Passionierter und mittlerweile pensionierter Mitmensch, beruflich in verschiedenen sozialpädagogischen und psychologisch beratenden Feldern, auch spirituell begleitend, kreativ tätig gewesen, seit mehr als fünfundzwanzig Jahren seine Lebensweisheiten (ver)dichtend aktiv.

Lasse Los

...

den-

noch JA

zum Leben sagen!

Music-Text-Collagen

Bibliografische Information der Deutschen Nationalbibliothek:
Die Deutsche Nationalbibliothek verzeichnet diese Publikation in der
Deutschen Nationalbibliografie; detaillierte bibliografische Daten sind im
Internet über http://dnb.dnb.de abrufbar.

© 2016 Name des Autors/Rechteinhabers: Lasse Los

Umschlaggestaltung: Lasse Los
Edition LOS Band 6
lasselos@email.de

Herstellung und Verlag:
BoD - Books on Demand,
Norderstedt

ISBN 978-3-7412-7074-1

Inhalt   Seite

Vorwort   8

Gesine Wagner: Im Feuer ist mein Leben verbrannt 10

Prolog: 11

1. Intrada 11

Station I: Es ist genug – Der Absturz 11

2. Instrumental 12
3. Instrumental 14

Station II: 15
"Ich weiß, es kann sein, dass ich es nicht schaffe"–
Auf der Intensivstation

4. Instrumental 17
5. Zum Gedenken an Familie Jürges -Meditation 19

Station: III: 20
"Es tut mir gut, dass Ihr an mich denkt"
Tausend Grüße und Blicke

Station IV: 21
"Es muss doch ein Leben voller Offenheit geben"-
Tagebuchaufzeichnungen und Briefe aus den
vorangegangenen Monaten

6. Bilanz eines Tages (Lied) 22
7. Unter dem Pflaster (Lied) 26
8. Es muß doch ein Leben voller Offenheit geben! (Kanon) 29
9. Augen auf! (Lied) 30

Station V: Umkehr ist mehr als Bedauern - 31
Reaktionen

10. Hey, Alan Stephenson! (Lied) 32
11. Umkehr ist besser als Bedauern! (Lied) 36

Station VI: „Du bist ein Zeichen des Friedens" 38

12. Nachspiel 38

Reaktionen: Briefauszüge 39

Etty Hillesum: ...dennoch Ja zum Leben sagen!   42

1. Intrada (Instrumental)   43

Prolog   43

2. Ouverture (Instrumental)   43

Erste Annäherumg an Etty Hillesum: 44
Das kurze Leben der Etty Hillesum

3. Instrumental (Ouverture gekürzt)   45

Zweite Annäherung an Etty Hillesum: Ich kann den Sinn   45
des Lebens und den Sinn des Leidens nicht mehr erkennen

4. Lied: Fragendes Gedenken   47

Dritte Annäherung an Etty Hilleseum: 50
Lebensangst auf der ganzen Linie. Völlige Niedergeschlagenheit. Mangel an Selbstvertrauen. Abscheu. Angst.

5. Lied: Bilanz eines Tages   52

Vierte Annäherung an Etty Hillesum: 52
Das Leben ist es wert, gelebt zu werden

6. Lied: Wähle das Leben - trotz alledem!   56

Fünfte Annäherung an Etty Hillesum: 58
Irgendwo in Dir ist etwas, das Dich niemals mehr verlassen wird

7. Lied: Des Lebens Ruf an uns wird niemals enden   62

Sechste Annäherung an Etty Hillesum: 63
Ich möchte ein Pflaster sein auf vielen Wunden

8. Kanon: Ich möchte` ein Pflaster sein auf vielen Wunden   66

Siebte Annäherung an Etty Hillesum: 68
Dass ein kleines Menschenherz soviel erleben kann, soviel zu leiden und soviel zu lieben vermag!

9. Instrumentale Meditation   69

Letzte Annäherung an Etty Hillesum: 69
Du bist das denkende Herz der Baracke

10. Ausklang: Instrumental (Variation der Ouverture)   70

Martin Gray: Der Schrei nach Leben   72

1. Intrada mit Titelankündigung   73

Prolog: 73

2. Intrada (Instrumental)   73

Der Menschenkreuzweg des Martin Gray   73

3. Instrumental   75

Annäherungen an Martin Gray   75

Erste Annäherung an Martin Gray: 76
Der Mensch hat immer zwei Wege vor sich.
Zwischen ihnen muss er sich entscheiden

4. Unsere Wege kreuzen sich (Lied)   76

Zweite Annäherung an Martin Gray: Ein nur auf   78
sich selbst bezogenes Leben ist ein verstümmeltes Leben

5. Schwach ist der Mensch (Lied)   79

Dritte Annäherung an Martin Gray: Verstümmeltes   81
Leben ist die Brutstätte von Verzweiflung und Gewalt

6. Bruder, schrei Deinen Schmerz (Lied)   82

Vierte Annäherung an Martin Gray: Ein Mensch werden.   84
Den Weg zu seinen tiefsten Quellen im Herzen finden

7. Hoffnung von einer Stätte des Friedens (Lied)   85

Fünfte Annäherung an Martin Gray: 86
Des Lebens Ruf an uns wird niemals enden

8. Des Lebens Ruf an uns wird niemals enden   87
  (Lied für Martin Gray)

Sechste Annäherung an Martin Gray: 89
Leben lässt sich nur gewinnen, wenn man liebt

9. Du bist, Du wirst sein, Bruder, Freund, Begleiter (Kanon)   90

Siebte Annäherung an Martin Gray: 91
Der Mensch steht am Kreuzweg

10. Instrumental   92
11. Nachspiel   92

Reaktionen: Briefauszüge und Kritik   93

Vorwort

In meiner sozialpädagogischen Arbeit war meine Jugend-Musikarbeit ein bedeutsamer Schwerpunkt.*
Neben Music-Textivals mit tiefenökologischen und spirituellen Gleichnissen,** schrieb und komponierte ich Musik-Text-Collagen zu bewegenden Schicksalsbüchern, die ich mit den Jugendbands „Paxophon" und „Vetorex" und dem Gesangsensemble „Salvaton" einstudierte.
Drei tragische Schicksale (Gesine Wagner: Im Feuer ist mein Leben verbrannt, Etty Hillesum: ...dennoch Ja zum Leben sagen und Martin Gray: Der Schrei nach Leben) kommen textlich und musikalisch zur Sprache mit ihrem Ringen um ein tragiktragendes Vertrauen und einen Lebenssinn trotz alledem.
In verschiedenen Kirchen, in Gemeindehäusern, bei Eine-Welt-Tagen, auf Rügenfreizeit-Tourneen und während der Deutschen Evangelischen Kirchentage brachten wir sie mit Erfolg zur Aufführung.

* In: **Lasse Los:** R-AUSGEFLOGEN - (Ein bunter Abgesang auf einen Kreuzweg in und aus realexistierender Kirche! Texte, Gedichte und Briefe - erste Version 2001 – erweiterte Neuauflage 2016 - BoD Norderstedt) habe ich meine Jugend-Musikarbeit mit seinen Musik-Textcollagen und Music-Textivals im Kontext meiner sozialpädagogen Arbeit kurz beschrieben.

** Präsentiert in: **Lasse Los: Seid ihr noch zu retten?**
Tiefenökologische und spirituelle Gleichnisse als Music-Textivals, erste Version 2001 - erweiterte Neuauflage 2016 - BoD, Norderstedt

Im Feuer ist mein Leben verbrannt

**Musikalische Besinnung über Leben,
Leiden und Sterben der
Gesine Wagner**

Prolog:

„Gesine ist neunzehn Jahre alt gewesen, als sie starb. Was sie vor dem Absturz des Starfighters in Frankfurt, Pfingsten 1983, erlebte, dachte und schrieb, erleben und denken so oder ähnlich viele junge Menschen.
Was sie in den 81 Tagen im Krankenhaus erfuhr und ausdrückte, lässt das Alltägliche ihres Lebens in einem neuen Licht erscheinen. Sie hat uns Mut gemacht. Es kann sein, dass manch einer sich in ihr wiedererkennt." (S. 7)

**Peter und Gertrud Wagner,
die Eltern**

1. Intrada

Station 1: Es ist genug – Der Absturz

„Am Pfingstsonntag, dem 22. Mai 1983, war Tag der offenen Tür auf der US-Air-Base in Frankfurt am Main. Vierhunderttausend Schaulustige warteten auf den Formationsflug der Starfighter.
Um 14.10 Uhr kamen sie: Fünf kanadische CF 104-G, die Staffel >>The Tigers<< der 439. Fighter Squadron aus Baden-Söllingen donnerten im Langsamflug tief über die Köpfe der Zuschauer hinweg.

Dann geschah das, was der Fotograf Georg Raab so beschrieb: Eine der Maschinen änderte plötzlich ihren Kurs und flog nach Norden in Richtung Frankfurt. Sie verlor an Höhe, bäumte sich noch einmal auf und ging danach in einen Sturzflug über.

In der Nähe des Waldstadions bohrte die Maschine sich in eine Böschung und explodierte. Ein hundert Meter hoher Rauchpilz war über dem Wald zu sehen. Der Pilot, der 27 Jahre alte Hauptmann Alan Stephenson, hatte zuvor den Schleudersitz in Betrieb gesetzt und sich gerettet. Er kam mit dem Schrecken davon.

Um 14.00 Uhr war der Pfarrer Martin Jürges mit seiner Familie ins Auto gestiegen und in Richtung Mörfelder Landstraße losgefahren, um den Nachmittag im Odenwald zu verbringen. Alle waren in guter Stimmung. Dem Gottesdienst in der Gutleutkirche war ein festliches Mittagessen gefolgt; denn es war Besuch aus Detmold gekommen: die Großmutter Erna Jürges mit ihrer Enkelin Gesine Wagner. Gesine war Patin des jüngsten Kindes der Familie, der elf Monate alten Katharina. Im Auto hatte sie ihr Patenkind auf dem Schoß. Sie saß hinten auf dem rechten Platz. Neben ihr auf dem Mittelsitz war der elfjährige Jan, links außen die Großmutter. Vorn am Steuer saß Martin und neben ihm seine 58 Jahre alte Frau Irmtraud Jürges-Kiesling.

Gesine hat es später im Krankenhaus erzählt. Die Großmutter habe das Flugzeug kommen sehen. >>Es stürzt ja auf uns<<, habe sie gerufen. Dann hätten alle geschrien. Das Auto sei getroffen worden, habe sich gedreht, sei in Flammen gestanden. Sie sei mit Katharina durchs Fenster hinausgekommen, habe aber das Kind verloren, das sie noch schreien gehört hätte.

Martin, Irmtraud, Jan, Katharina und die Großmutter Erna Jürges starben in den Flammen. Gesine wurde als einzige Überlebende nach Offenbach ins Stadtkrankenhaus geflogen. Sie lebte noch 81 Tage. Am 11. August 1983 starb sie. Auf dem Leichenschauschein steht: >>Herz- und Kreislaufversagen, Nierenversagen, 85% Verbrennung III. und IV. Grades der gesamtem Körperoberfläche.<<" (S. 10-13)

2. Instrumental

„Unter der Überschrift >>Ein Mann mit Zivilcourage<< schrieb Jutta Stössinger in der Frankfurter Rundschau am 25. Mai 1983 über Martin Jürges: >>Die Nachricht von seinem Tod hat sich am Montag im Gutleutviertel schnell herumgesprochen. Alte und junge, deutsche und ausländische Bewohner stehen auf den Straßen und sprechen über den Unglücksfall. Auf ihren Gesichtern stehen Trauer und Erschütterung, viele haben Tränen in den Augen. >Er machte uns Mut, an unsere Wohngegend zu glauben, er wollte das Bahnhofsviertel wieder lebenswert machen<, sagt eine ältere Frau.<<
>>Mut hat Martin Jürges im Lauf seines Lebens vielen gemacht, und Mut hat er selbst unermüdlich gezeigt. Als Frankfurter Stadtjugendpfarrer setzte er sich zehn Jahre lang für die Jugendlichen, für soziale Gerechtigkeit und die offene Diskussion ein. Von vielen ist er dafür geliebt und verehrt worden. Von manchen aus konservativen kirchlichen und politischen Kreisen hat er sich Rügen eingehandelt. Das hat ihn nie daran gehindert, Zivilcourage und Wahrheitsliebe zu beweisen, wo immer es not tat. Und es tat oft not.<<   (S. 13)

Aus einem Nachruf der deutschen und ausländischen Bewohner des Gutleutviertels:

„Martin Jürges war seinen Mitmenschen ohne Ansehen des Alters, des Standes, der Religion, der Nationalität verbunden. Er gab allen Halt."   (S. 13)

Aus der Ansprache von Propst Dieter Trautwein bei der Trauerfeier am 30. Mai 1983:

„>>Es ist genug!<< Wir haben genug. Das ist zu viel, als dass wir es tragen könnten. Es ist unerträglich, dass gerade dieser Pfarrer und diese Familie Opfer menschlicher Machtdemonstration wurden.
Einer Machtdemonstration, die zeigen soll, wie beschützt wir sind, die aber aufdeckt, wie sehr wir uns zuletzt selber bedrohen."   (S.16)

„Die, von denen wir diesen bitteren Abschied nehmen müssen, kannten mehr als einmal das Gefühl: >>Es ist genug!<< - >>Was kann ich, was können wir noch machen?<< Sie haben in langen Jahren der Verantwortung für junge Menschen und mit jungen Menschen in unserer Stadt mitgefragt: Lohnt sich das überhaupt, anzukämpfen gegen die Anbetung der Macht und des Besitzes? Lohnt es sich, die Verheißungen Jesu für die Armen und alle, die Unrecht leiden, noch ernst zu nehmen? Aber dann lernten sie im Hören auf die biblische Botschaft, umzukehren ... in die Geschichte des Jesus von Nazareth, der die Frustrationen aushielt, der mit den Menschen aß und trank, der sich für Freunde und Feinde selber zum Brot des Lebens machte, der aufstand und den weiten schweren Weg beschritt. Wir können nicht trauern, ohne zu danken für das Aufstehen und Einstehen, das Martin Jürges und Irmtraud Jürges-Kiesling übten für Menschen in der Nähe und für Menschen weit über den engeren Verantwortungsbereich hinaus." (S. 18)

„Wir vergessen nicht, dass das Aufstehen unseres Mitpfarrers Martin Jürges zuweilen nicht jedem von uns behagte, weil es auch etwas von Aufstand und Aufbegehren an sich haben konnte. Aber wer es vorher nicht recht bemerkt hat: Hier aßen Pfarrersleute das Brot der Menschenfreundlichkeit Gottes und teilten es und verteilten es möglichst unter viele und alle. Und was da für viele zutage trat, war ansteckende Faszination des Lebens. ... Weil sie das JA Gottes hörten, haben sie anderen Mut gemacht zu diesem JA zum Leben. Und wurde von ihnen ein Nein gesprochen, dann war es als Protest zu verstehen gegen das, was Menschen den Mut nimmt. Nicht von ungefähr kommt jetzt heraus, dass doch viele das Ja zu einem pfingstlichen Miteinander der Völker und Rassen, der Kirchen und Religionen auch in dieser Stadt gehört haben. Ein Ja zum Frieden im großen und kleinen...." (S. 18 – 20)

3. Instrumental

Station II: "Ich weiß, es kann sein, daß ich es nicht schaffe"– Auf der Intensivstation

Auskunft der Eltern:

„Als wir in der Nacht des Pfingstsonntags im Offenbacher Stadtkrankenhaus eingetroffen waren und im Leitungszimmer der Verbrennungsstation mit dem diensttuenden Arzt sprachen, sahen wir an der Wand eine grafische Darstellung. Auf ihr war abzulesen, welche Überlebenschancen Verbrannte auf Grund ihres Alters und nach dem Grad ihrer Verletzung hätten. Der Arzt ließ keine unbegründete Hoffnung zu. Der Tod könne noch in dieser Nacht eintreten oder auch genauso plötzlich in einem Monat. Es sei nicht auszuschließen, dass auch die Lunge durch das Einatmen der heißen Gase beschädigt sei. Selbst wenn die kritische Phase überstanden sei, könne irgendeine, sonst an sich banale Infektion schnell zum Tode führen.
Wir wurden in Gesines Zimmer geführt, einen weiß gekachelten Raum, in den sterile, auf 34 Grad erwärmte Luft hinein geblasen wird. Rings um das Bett war ein Plastikvorhang gezogen, der Temperatur, Feuchtigkeit und Sauerstoffgehalt der Luft über dem Bett konstant hielt.
Gesine war in Verbände gewickelt, an Händen und Füßen mit Mullbinden am Bett festgebunden. Sie lag unter einem grünen Tuch. Ihr Gesicht war gelb-grau, stramm aufgedunsen, die Augen zugeschwollen und fest geschlossen, die Nase eine kleine Spitze in ihrem Gesicht. Sie wurde durch einen Schlauch (Tubus) der durch den Mund in die Luftröhre eingeführt war, beatmet.

Wir sprachen sie mit ihrem Namen an, und sie nickte. >Du hast es schwer, Gesine?< Sie schüttelte verneinend den Kopf.
Am anderen Morgen durften wir wieder zu ihr. Sie hatte sich vom Tubus befreit und überraschte uns - immer noch mit geschlossenen Augen - mit der Frage: *>Wo sind die anderen?<* Später: *>Wo ist Katharina, ich habe sie noch schreien gehört.< >Wenn sie tot sind - du musst es mir sagen, ich halte das aus.<*

An den folgenden Tagen sprach sie immer wieder über die fünf Toten und ihr Sterben: >*Dass Oma tot ist, ist nicht so schwer. Sie hatte ein schönes langes Leben. Aber Katharina uns Jan - das war zu kurz.< - >Als ich an der Straße stand und Katharina schreien hörte, wollte ich lieber sterben. Jetzt bin ich froh, dass ich noch lebe.<* [24. Mai]" (S. 25)
„Am 27.Mai - die Schwellung war zurückgegangen - war die erste Hautverpflanzung im Gesicht möglich. Gesine hatte als Entnahmestelle nur einen schmalen Streifen gesunder Haut am Bauch. Das war das einzige Fleckchen, das auch später nachgewachsene Haut hergeben konnte. Haut von Spendern würde der Körper nicht annehmen, so erfuhren wir.
Es trafen auf der Station viele Briefe, Grüße und auch Blumen (die nicht herein durften) ein. Gesine hat sich über alles gefreut, und sie hat sich gewundert, dass so viele so intensiv an sie dachten. Sie diktierte: >*Ganz herzlichen Dank für Ihre Gedanken und Sorgen um mich! Sie können sich gar nicht vorstellen, was Ihre Gedanken für meinen Lebensmut bedeuten. Ihre Gesine.<* [1. Juni 1983]" (S. 26-27)

Aus einem Brief der Mutter Gertrud Wagner an eine Lehrerin:

Offenbach, den 26.Mai 1985
„Liebe Frau Klaus!
Mein Mann hat mir eben am Telefon Ihren Brief an Gesine vorgelesen. Ich kann ihn Gesine nicht weitergeben, sie wird morgen operiert - fast ohne Chancen. 84 % der Haut sind verbrannt, größtenteils 3. Grades, und das tote Gewebe muss wegen höchster Infektionsgefahr entfernt werden. Für Transplantationen hat sie zu wenig eigene gesunde Haut ... Ich bin heute nur wenig bei ihr gewesen, weil sie dringend schlafen sollte. Sprechen strengt sie sehr an. Aber das, was sie in den letzten Tagen geäußert hat, enthält so viel an Liebe, Sensibilität, Trost für uns und Nachdenken über Freunde, dass es mich in aller Verzweiflung tröstet. >*Wenn ich gesund werde<* sagt sie, >*will ich vielen Menschen helfen, nur noch helfen.< - >Onkel Martin, der war einer, der das konnte.<* ...

Nun sollen wir wahrscheinlich dieses Kind hergeben. ... Kinder sind kein Besitz, und die Zeit, die man miteinander hat, ist sehr, sehr kostbar. Ich glaube, das wird mich aus dieser schlimmen Zeit hinaus als Erfahrung begleiten. Ihre Gertrud Wagner." (S. 27)

4. Instrumental

Auskunft der Eltern:

„Nach der ersten Phase, die etwa bis zum 31.Mai dauerte und in der sie immer wieder über die fünf Toten der Familie und das Sterben sprechen wollte, folgte eine zweite Phase, die bis in die vorletzte Woche des Juli hineinreichte.
In diesen Wochen kreisten ihre Gedanken und Anstrengungen um die Wiedergewinnung der Lebensfähigkeit. Sie dachte viel darüber nach, wie und vor allem mit wem und wofür sie später würde weiterleben können. Sie ging gegen die Schwäche und die Schmerzen an. Sie übte das Gehen. Sie trainierte die Beweglichkeit der Arme, des Halses, des Mundes und der Augenlider. Sie hatte nach den ersten Transplantationen Mühe, die Augen ganz zu schließen. Beim Trinken lief die Flüssigkeit wieder aus dem Mund, wenn wir nicht aufpassten. Die Bissen, die wir ihr beim Füttern gaben, mussten klein und vor allem flach sein. Sie konnte den Mund weder genügend öffnen - er war durch die erste Operation kleiner geworden -, noch konnte sie die Lippen fest aufeinanderlegen. Das nachgewachsene Gewebe war hart und eng. Oft genug riss es bei den Übungen auf, so dass unter den Achseln oder von den Beinen Blut herunterlief. Dennoch drängte sie, aufstehen und gehen oder am Nachmittag auf dem Krankenstuhl unter ihrem grünen Tuch sitzen zu können." (S. 28)

„Um den Schwestern eine Vorstellung von ihr zu vermitteln, pickten wir ein Bild an die Tafel des Stationszimmers. Auf dem Bild war sie zusammen mit Katharina und ihrer Mit-Patentante Gudrun zu sehen. Die erste Schwester, die

hereinkam und das Bild an der Wand sah, reagierte erschrocken: Welche ist denn Gesine?
Wir waren wie die Mitarbeiter den Hygienevorschriften unterworfen, die die Patienten der Station vor Infektionen bewahren sollten. Die Verantwortung, die mühsame Pflege, das Sichkümmern um oft genug unrettbar Verletzte, die Hitze und hohe Luftfeuchtigkeit lastete auf den Schwestern und Pflegern. Sie und der für die Station zuständige Oberarzt waren in der Anspannung und Konzentration auf die Behandlung in der Länge der Zeit irritiert durch unsere Anwesenheit bei Gesine. >Verbrennung ist doch keine psychosomatische Krankheit,< sagte Doktor A., >sprechen können Sie später mit Ihrer Tochter.<
Aber eine derartige Trennung von innen und außen, von psychischem und somatischem Befinden war eine Fiktion. Die Isolation war selbst Teil und Ausdruck der Krankheit. Kommunikation bedeutete Leben." (S. 29)

„In der zweiten Phase nahm die Gefahr zu, die von dem abgestorbenen Gewebe ausging. Die Selbstvergiftung des Körpers verursachte Alpträume am Tag und in der Nacht. Es erleichterte sie, jemand im Zimmer zu haben, der ihr in die Gegenwart zurückzukehren half." (S. 29)

„Was sie durch den Unfall erfahren hatte, wurde für sie zu einer Vorahnung dessen, was bei einer möglichen Atomkatastrophe auf uns zukommen könnte: Feuer, Tod, schreckliche Verbrennungen. Das erfüllte sie mit Angst, Angst um sich und ihre Freunde." (S. 30)

<u>Aus einem Brief der Mutter an eine Lehrerin:</u>

Offenbach, den 7. Juni 1983: „Uns geht es mit den Gesprächen an Gesines Bett ähnlich, wie Sie es auch empfinden: Sie sind uns ein Trost. Es ist eine solche Nähe und Wärme da, eine solche Konzentration auf Wesentliches, sie entwickelt so viele Perspektiven für den eigenen Einsatz für eine menschlichere Zukunft, dass wir nur staunen können." (S. 31)

Auskunft der Eltern:

„Vom 26. Juli an nahmen die Kräfte spürbar ab. Sie schlief viel am Tag. Tiefe Niedergeschlagenheit überfiel sie. Der Körper schüttelte sich vor Kummer und im Schmerz.
Eine Hoffnung nach der anderen hatte sie in den vorangehenden Wochen aufgeben müssen. Erst dachte sie noch, sie könne vielleicht auch ohne Fingernägel wieder die Geige oder doch wenigstens Klavier spielen. Dann wurde ihr nach und nach deutlich gemacht, dass von ihren Fingern nichts zu retten sei. Sie waren verkohlt und schließlich so trocken geworden, dass man sie noch nicht einmal mehr zu amputieren brauchte...
Der letzte Tag: Nach der siebten, der letzten Operation musste Gesine reanimiert werden. Sie wurde beatmet. Den Tubus im Mund, lag sie da mit fragendem Blick. Sie hat kein Wort mehr gesprochen." (S. 32f)

5. Zum Gedenken an Familie Jürges - Meditation

Vor dem Sommer/ langer Atem/
lauter Träume/ Endlichkeit/
Der Tod ist nah/ der Tod ist weit/

Alte Sehnsucht/ viele Fragen/
bange Ahnung/ Traurigkeit/
Der Tod ist nah/ der Tod ist weit/

Dunkle Stunden/ bittere Tränen/
schwerer Abschied/ Verlorenheit/
Der Tod ist nah/ der Tod ist weit/

Große Hoffnung/ letztes Wissen/
alles Blühen geht dahin/
Stirbt auf neuen Lebenssinn/

(Text: Eugen Eckert – S. 19
Abdruck mit freundlicher Genehmigung des Autors)

Station: III   "Es tut mir gut, daß Ihr an mich denkt"
Tausend Grüße und Blicke

Briefauszüge aus Briefen von Gesine aus dem Krankenhaus an Freunde

9. Juni 1983: „Lieber Achim, ich weiß erst seit kurzem, dass ich in den ersten Tagen auch hätte sterben können, und mir laufen dann die Tränen, wenn ich an Euch denke, wie Ihr Euch gefürchtet haben müsst und wie ich sorglos in meinem Bett gelegen habe und von allem nichts gewusst habe. Ich lebe auf den Tag hin, wo Du mich besuchen kommen kannst."   (S. 40)

16. Juni 1983 -   Aus einem Rundbrief an Freunde:

„Das Wichtigste, was ich Euch sagen möchte, ist, dass Ihr darüber nachdenkt, wie schön es ist, seinen Körper frei bewegen zu können, radfahren und schwimmen zu können, singen und schlafen zu können.
Ihr sollt wissen, dass Ihr durch Euere Briefe mir sehr, sehr viel helft und dass ich es auf diese Weise schaffen werde, in einigen Monaten entlassen zu werden. Ihr wisst, dass das Unglück mitten im Frieden durch ein Militärflugzeug passiert ist, ich bitte Euch, tut alles dafür, dass in unserem Land im Herbst nicht noch mehr Raketen stationiert werden, sondern die Vernichtungsdepots abgebaut werden."   (S. 42)

3. Juli 1985: Rundbrief an Freunde:

„Liebe, liebe Freunde,
in der letzten Nacht habe ich meine Flucht in einen Atombunker nach einer Atomkatastrophe geträumt. Die Enge, der Krach, die Not in diesem Bunker haben mich wie wirklich betroffen. Ich habe angefangen zu beten, dass dies nie Wirklichkeit werde.

Jetzt, wo ich weiß, dass es nur ein Traum war, da bekomme ich umso mehr Angst, ich habe wirklich Angst um meine Familie und Euch, und ich möchte, dass wir uns wirklich alle bewusst sind, wie schnell sich in unserem Leben alles ändern kann. Vielleicht kennt Ihr das Gefühl, allen Freunden und Verwandten ganz nahe zu sein, ich habe es im Moment, und aus diesem Gefühl heraus denke ich an Euch und wünsche mir so, dass Ihr auch nicht vergesst, an mich und Euch untereinander zu denken. Bitte nehmt mich ernst in meiner Angst, Gesine." (S. 48)

Station IV:
"Es muß doch ein Leben voller Offenheit gehen" – Tagebuchaufzeichnungen und Briefe aus den vorangegangenen Monaten

Text:
„Getrenntsein von Freunden,
nicht sehen, nicht greifen,
nicht zu ihnen gehen können –
das war für Gesine
bedrängender und beängstigender
als der Zustand ihres Körpers.
Sie lechzte danach,
ihnen nahe zu sein.

Leben heißt: mit anderen leben." (S. 52)

Ein Leben ohne Andere war für sie ein graues und trostloses Niemandsleben. Sie hat es in ihrem Tagebuch so ausgedrückt:

6. Bilanz eines Tages (Lied)
(Text: Gesine Wagner – Vertonung: Lasse Los)

Bilanz eines Tages (Lied)

Str.: „mit niemandem gewohnt,
mit niemandem gesprochen.
mit niemandem gelacht,
niemanden weinen gesehen,
mit niemandem getanzt,
mit niemandem gestritten,
niemanden getröstet,....
niemanden geliebt." *(S. 81)*

Refr.: *Bilanz eines Tages, eines widerlichen Tages!*
Graues und trostloses Niemandsleben!

(Texterweiterung zum Lied und Vertonung: Lasse Los)

Wie hatte Gesine ihre Freunde erlebt?

Was hatte sie ihnen früher mitzuteilen?

Was war ihr wichtig?

14. August 1980: Briefauszug aus einem Brief an eine Freundin

„Liebe Eri, ... Ich will soviel helfen und verändern: Dritte Welt, Atomkraft, Gefangene und Unterdrückte (amnesty international), und ich weiß gar nicht, wo ich anfangen soll: Kann ich denn überhaupt etwas erreichen? Aber wenn ich nichts erreichen kann, dann kann ich doch trotzdem nicht nur einfach zuschauen, ich muss doch trotzdem etwas tun. Wenn ich die Leute hier seh`, dann platze ich vor Wut, und ich platze, weil ich gar nicht weiß, was ich tun soll."   (S. 56f)

27. Februar 1981: Briefauszug aus einem Brief an eine Freundin

„ ...Wenn wir nicht ein Leben in Sinnlosigkeit haben wollen, dann müssten wir doch eigentlich jetzt anfangen, uns und unsere Umgebung zu ändern. Nur wie? Ich stehe dem ganz hilflos gegenüber." (S. 59)

30. Mai 1981: Briefauszug aus einem Brief an eine Freundin

„...ich bin in Israel nicht einmal doof angeguckt oder angemotzt worden, weil ich Deutsche bin. Die jüngeren Leute waren sowieso sehr nett, und die alten, die KZ usw. an sich selbst miterlebt haben, waren auch ganz entspannt und freundlich zu uns. Ich finde es ganz toll, dass ein Mensch so fähig sein kann zu verzeihen. Und wir in der Bundesrepublik entwickeln schon wieder einen Fremdenhass gegenüber Gastarbeitern. Es ist wirklich beschämend!" (S. 61f)

11. Juli 1981 Nach dem Kirchentag

„Liebe Hilke, ... Dann war ich noch oft bei Dorothee Sölle, das ist wirklich eine tolle Frau. Die hat mich jedes Mal so beeindruckt und mitgerissen, das fand ich richtig toll. Irgendwie hatte man bei ihr das Gefühl, dass sie alle Leute vereinigte, die am Frieden ernsthaft und aktiv interessiert sind." (S. 64)

Sicherlich hat sie auch das berühmte Aufrichtungslied von
Angi Domdey: „Unter dem Pflaster" gekannt und
mit anderen gesungen im
Geiste von:

„Richte Dich auf!
Lass Dich nicht ausrichten!
Hilf andern auch, sich täglich aufzurichten!"

7. Unter dem Pflaster liegt der Strand

Musik + Text
Angi Domdey

1. Komm, lass Dich nicht er-wei-chen,
bleib hart an Dei-nem Kern.
Rutsch nicht in ih-re Wei-chen,
treib Dich nicht selbst Dir fern.

Nur 5.: die mit ih-rer Macht
Dei-ne Kräf-te bre-chen wol-len.

Refr.: Un-ter dem Pflas-ter, ja
da liegt der Strand.
Komm, reiß auch Du ein paar
Stei-ne aus dem Sand.

Abdruck mit freundlicher Genehmigung der Autorin und Komponistin

Unter dem Pflaster (Lied)

(Text und Musik: Angi Domdey)

Refr.:   Unter dem Pflaster, ja da liegt der Strand.
Komm, reiß auch Du ein paar Steine aus dem Sand.

1.Str.:   Komm lass Dich nicht erweichen,
bleibt hart an Deinem Kern.
Rutsch` nicht in ihre Weichen,
treib` Dich nicht selbst Dir fern.

2.Str.:   Komm lass Dir nicht erzählen,
was Du zu lassen hast.
Du kannst doch selber wählen,
nur langsam, keine Hast.

3.Str.:   Zieh` die Schuhe aus,
die schon so lang Dich drücken.
Lieber barfuss lauf,
aber nicht auf ihren Krücken.

4.Str.:   Dreh` Dich und tanz`,
dann könn`n sie Dich nicht packen.
Verscheuch`sie ganz
mit Deinem lauten Lachen.

5.Str.:   Die größte Kraft
ist Deine Fantasie.
Wirf` die Ketten weg
und schmeiß sie gegen die,
die mit ihrer Macht
Deine Kräfte brechen wollen.

20. September 1981: Tagebuchauszug

„... Andere Menschen will ich offener sehen, das Liebenswerte in ihnen erkennen und vor allem immer versuchen, sie besser und besser kennen zu lernen, ganz intensiv zuhören, diskutieren." (S. 66)

8. Januar 1982: Briefauszug aus einem Brief an eine Freundin

„Liebe Eri, ich will immer möglichst Offenheit, also nicht Versteckspiel um Launen und Gefühle, aber es geht noch nicht so ganz. Vielleicht liegt das auch daran, dass viele da sind, die Offenheit nicht mögen oder auch überhaupt nicht darüber nachdenken." (S. 70)

1. April 1982: Tagebuchauszug:

„Glücklich bin ich, wenn ich an meine vielen lieben Menschen denke, ein bisschen traurig, weil sie alle nicht hier sind, und dann wieder glücklich, weil ich mich auf das Wiedersehen mit Achim und Lisa freue...
Ich brauch` Menschen, Menschen, Menschen." (S. 75)

3. April 1982: Tagebuchauszug:

„Mein Traum für heute: Es muss doch ein Leben voller Offenheit geben, wo ich sagen und leben kann, wie es mir grad` zumute ist, wo ich aber auch überlegen kann, was ich sage, ohne andere zu verletzen." (S. 77)

8. Es muß doch ein Leben voller Offenheit geben!
(Kanon)

Text: Gesine Wagner
Vertonung: Lasse Los

2. Juni 1982: Tagebuchaufzeichnung

„Ich bin jetzt froh und glücklich, ich habe meine Anerkennung, habe Leute gern und sie mich, ich merke, wie die Menschen, mit denen ich zusammen bin, immer besser zu mir passen,...
Wovor habe ich am meisten Angst? Dass es irgendwann mal Menschen gibt, die ich schon so gut kenne, dass ich mit ihnen nichts mehr zu reden habe, dass die Luft raus ist, dass keine Lust mehr da ist, noch mehr von ihnen wissen zu wollen.
Hab` ich Angst vor dem Tod? Früher hab` ich geweint, wenn ich abends im Dunkeln im Bett lag und mir dachte, dass nichts mehr von mir da ist, ich vergessen bin. Ich wollte nicht vergessen sein, wollte ein **Großer** der Welt sein, wollte nicht einer dar vielen Kleinen sein. Heute ist es mir egal, ich lebe ***jetzt***, über das >Nach mir< mache ich mir keine Gedanken." (S. 90)

31.Oktober 1982: Ein Gedicht aus ihrem Tagebuch als Lied

9. Augen auf! (Lied)
(Text: Gesine Wagner, Vertonung: Lasse Los)

„Wer die Schuhe geputzt kriegt,
kann ja nicht alleine gehen;
wer das Bett gemacht kriegt,
kann ja nicht allein schlafen;
wer alles vorgedacht kriegt,
kann ja nichts Eigenes denken.

Wer nicht geht, schläft, denkt ...,
der hat niemals gelebt,
der lebt nicht, ist mausetot.

In einer Welt von Toten und
einigen Lebenden ist Stille;
denn Tote morden Lebende täglich.

Woher weißt Du, Lebender, wer
tot ist und Dich morgen umbringt?
Augen auf!"   *(S. 93)*

Station V:
Umkehr ist mehr als Bedauern - Reaktionen

Auskunft der Eltern:

„Der Parlamentarische Staatssekretär im Verteidigungsministerium, Peter Kurt Würzbach, erklärte drei Tage nach dem Absturz vor dem Bundestag, dass auf derartige Schau-Flugtage >>grundsätzlich nicht verzichtet werden << könne. >>Sie entsprechen auch dem ausdrücklichen Willen der Bevölkerung<< (dpa 26.05.1983) In Frankfurt gab es sofort Proteste, Zeitungsanzeigen, Aufrufe, Umzüge." (S. 104)

„Der Pilot des abgestürzten Starfighter - der 27 Jahre alte Hauptmann Alan Stephenson - war sofort nach seinem Ausstieg mit dem Schleudersitz isoliert worden. Seine Aussage ist der Staatsanwaltschaft vorenthalten worden. Mitten im Rechtsstaat Bundesrepublik schafft das Nato-Truppenstatut einen Raum, in dem Rechtssprechung verhindert wird.
Auch uns gegenüber hat sich der Pilot in keiner Weise bemerkbar gemacht. Möglicherweise wurde er auch dazu genötigt. Wie wird er mit dem Schatten, der Blut- und Brandspur in seinem Rücken leben, ohne die Freiheit, sich umzuwenden und offen über das Geschehene zu sprechen?" (S. 105)

Wikipedia: Flugtagunglück von Frankfurt

„Der zum Zeitpunkt des Unglücks 27-jährige Pilot der Unglücksmaschine, Alan Stephenson, wurde unmittelbar nach dem Unfall im Frankfurter Militärhospital psychologisch betreut und ca. zwei Wochen später nach Kanada ausgeflogen. Er hat sich nie öffentlich zu dem Absturz geäußert. Stephenson kehrte wenige Jahre später als Pilot nach Deutschland zurück und war u.a. auf der Ramstein Air Base stationiert."

10. Hey, Alan Stephenson!

Text + Musik
Lasse Los

Refr.:H - ey   A - lan   Step - hen - son,   Du   warst   der   Pi - lot.!   Der   Ab - sturz   Dei - nes   Show - Kampf - flie - gers   bra - chte   grau - sa - men   V - er - bren - nungs - tod!   Du   ret - te - test

10. Hey, Alan Stephenson! (Lied)
(Text und Vertonung: Lasse Los)

Refr.:   *Hey, Alan Stephenson! Du warst der Pilot!*
Der Absturz Deines Show-Kampffliegers
brachte grausamen Verbrennungstod.
Du rettetest Dein Leben!
Du kamst mit dem Schrecken davon!
Aber sechs andere Menschen mussten sterben!
But the show must go on, the show must go on!

1.Str.:   *Wer bist Du, Alan Stephenson,*
wir kennen nur Deinen Namen.
Wir wissen nur, Du warst Pilot
in der Royal Canadian Air Force.
Wir haben viele Fragen an Dich,
aber nicht, um Dich zu richten.
Wir wollen nur Dein Handeln verstehen
und auf Verurteilung ganz verzichten.

2. Str.:   *Sag, warum wurdest Du Soldat,*
warum Pilot im Kampfverband?
Hat Dich das Kampffliegen so fasziniert,
ist es nicht schon im Frieden zu riskant?
Warum hast Du Flugschauen mit geflogen?
War das Dein Ehrgeiz? Waren es Befehle?
Der Langsamflug hat Dich ins Unglück gezogen,
beinahe ging es auch Dir an die Kehle!

3.Str.:   *Warum wurdest Du sofort isoliert?*
Warum nicht dem Staatsanwalt vorgeführt?
Warum Deine Aussagen vorenthalten?
Darf Eure Air Force so bei uns walten?
Haben sie Dich zum Schweigen genötigt?
Hast Du Dich selber nicht getraut?
Wie wirst Du mit alledem fertig?
Worauf hast Du Dein Leben gebaut?

4. Str.: Willst Du Dein Schweigen nicht brechen
und mit den Betroffenen sprechen?
Willst Du Deine Schuld weiter meiden
und damit vielfältig an ihr leiden?
Willst Du nicht endlich die Freiheit ergreifen,
Dich zu stellen und dadurch zu reifen?
Deine Schuld durchleiden, Dich an sie binden,
um dadurch Einsicht und Vergebung zu finden?

**Aus einem Briefwechsel des Vaters von Gesine,
Peter Wagner, mit dem Verteidigungsministerium:**

„Worum geht es? Vielleicht kann ich es an meiner eigenen Erfahrung verdeutlichen. Ich habe mich bis zum 22. Mai 1983 nicht für Flugschauen interessiert. Sie waren mir gleichgültig. Das war falsch. Ich hätte viel früher beginnen müssen, über solche Veranstaltungen nachzudenken. Erst als ich selbst getroffen war, wurde ich wach und begann mich zu fragen: Was geht bei solchen Waffenschauen eigentlich in den Menschen vor? Was für Menschen gehen dorthin? Man sagt: Es wollen ja alle den Frieden! Wird also durch Waffenschauen Verständnis für andere Völker geweckt, wird Nachdenklichkeit und Friedensfähigkeit gefördert oder nicht?

Mitabiturienten und Mitabiturientinnen von Gesine haben es auf sich genommen, zur Flugschau nach Ramstein zu fahren. Sie haben Fotos von Gesine, ihrer Großmutter, ihrem einjährigen Patenkind, ihres Onkels, ihrer Tante und des elfjährigen Jan vergrößert und auf Pappen geklebt. Sie haben sich mit den Plakaten schweigend auf dem Parkplatz und vor dem Eingang zum Flughafengebäude aufgestellt. Sie wurden von den amerikanischen Soldaten einigermaßen respektiert. Aber wie war die Reaktion der Zuschauer? Verlegenes Wegsehen, höhnisches Grinsen, Ärger, Anspucken.

Ich denke, es ist hinreichend deutlich, dass hier ein Feld ist in Wahrnehmung der Informationspflicht der Regierung, auf dem mehr Sensibilität, mehr Gespür dafür entwickelt werden muss, was nicht mehr geht. Humanität ist noch entwicklungsfähig.

Das Spielen der Kinder auf Panzern und an Waffen, das verharmlosende Rumkurven mit todbringenden Maschinen wird einmal als ähnlich unmenschlich empfunden werden wie eine öffentliche Hinrichtung. Und diese ist doch auch einmal ein bei Zuschauern beliebtes Spektakel gewesen, das Massen von Schaulustigen angelockt hat." (S. 120)

„Ich meine, aus dem Tod der Mitglieder meiner Familie, in der von der Greisin bis zum Säugling jedes Alter vertreten und den Flammen preisgegeben war, einen Anruf, eine Bitte zu hören: Merkt auf, in welche Richtung euer Weg geht! Lasst es zu, dass es heute in euerm Innern brennt, damit nicht morgen eure Kinder brennen!" (S. 114)

11. Umkehr ist besser als Bedauern!

11. Umkehr ist besser als Bedauern (Lied)
(Text und Vertonung: Lasse Los)

<u>Refr.:</u> *Umkehr ist besser als Bedauern,*
Herr Verteidigungsminister!
Umkehr ist besser als nur Trauern
und dann doch nichts ändern!

1.Str.: *Herr Verteidigungsminister, war es echt,*
Ihr tiefes Mitgefühl – mit den Getroffenen?
Können wir es Ihnen wirklich glauben,
war`n Sie auch so aufgewühlt?
Doch warum ließen Sie drei Tage später
im Bundestag verlauten:
>>Grundsätzlich kein Verzicht
auf Flugwerbeschauen!<<???

2.Str.: *Herr Verteidigungsminister, hören sie*
die Eltern von Gesine?
Sie wollen keinen billigen Trost,
kein Gerührtsein aus Routine.
Sie fordern von Ihnen –
und viele andere wollen das auch:
Den Stop und das Verbot der Werbung
mit Tötungsmaschinen!

3.Str.: *Herr Verteidigungsminister, wir erwarten*
von Ihnen mehr Humanität.
Für sinnvolle Wege ist es auch
jetzt noch nicht zu spät.
Mittlerweile haben wir auch noch die Opfer
von Ramstein zu beklagen:
Wir wollen und wir können
keine Flugschauen mehr ertragen!

Station VI: „Du bist ein Zeichen des Friedens"

Auszüge aus Briefen an die Eltern nach Gesines Tod:

„Du erlebst Krieg mitten im sogenannten Frieden. ... Wir wünschen uns, weiter mit Euch zusammen für wahren, wirklichen Frieden einzutreten."

„Manche mögen sich auch sagen, dass, was Ihrer Familie geschah, der ganzen Menschenwelt begegnen wird, wenn die Regierenden nicht noch rechtzeitig umkehren."

„Ich versuche mit Euch, das Klagen und Danken für die Toten umzusetzen in Arbeit und Kampf für die Lebenden."

„Das unaussprechliche Leiden hat sein Ende gefunden, nicht aber der Auftrag zur Botschaft, wie ihn dieser Tod unausweichlich gemacht hat. Gesine gehört nicht mehr Ihnen allein."

„Und sie ist jetzt erst recht ein Ruf des Friedens."

(Alle Briefauszüge auf S. 128)

12. Nachspiel

Seitenangaben der Zitate aus:

Gesine Wagner: Im Feuer ist mein Leben verbrannt.
Der Starfighter-Absturz in Frankfurt Pfingsten 1983
Briefe - Tagebuchaufzeichnungen - Dokumente
Herausgegeben von Peter und Gertrud Wagner
Gütersloh 1985 – 3. Auflage 1987
Abdruck der Fotocollage (S. 10) von Philipp Wagner, dem
Bruder von Gesine, und der Zitate mit freundlicher
Genehmigung der Mutter Gertrud Wagner - 2016

Reaktionen: Briefauszüge

Aus einem Brief an die Familie Wagner vom 12.11.1990

Liebe Frau Wagner,
lieber Herr Wagner,
liebe Geschwister von Gesine!

... Als ich vor etwas fünf Jahren Ihr Buch über Gesine entdeckte, war ich derart erschüttert, dass ich mir vornahm, dieses Buch in meiner Arbeit anderen zugänglich zu machen. Ich setzte es in der Jugend- und Erwachsenenarbeit ein und erlebte auch bei den Angesprochenen große Betroffenheit.
Als dann die Katastrophe bei der Flugschau im Ramstein passierte, wuchs in mir der Impuls, Gesines Schicksal auch musikalisch aufzuarbeiten, um es einem noch größeren Publikum zugänglich zu machen. Da kein Kompetenterer sich ans Werk machte, habe ich es versucht. Das Ergebnis, die „musikalische Besinnung", lege ich Ihnen in Form einer Audio-Kassetten-Aufnahme vor. Unsere Jugendband „PAXOPHON" hat sie gestaltet ... und am 04.11.1990 ... präsentiert. Das Echo war überwältigend: Große Betroffenheit, etliche Tränen, viele gute Gespräche und danach ein schwunghafter Buchverkauf Ihres Buches über Gesine. ...
Ich bin mir darüber im Klaren, dass die Auswahl der Texte subjektiv ist, meine Auswahl und mein Bild von Gesine. Habe ich sie richtig getroffen? Bin ich Ihrer Tochter und Schwester gerecht geworden? Ich habe mich redlich bemüht, das Bild, welches das ganze Buch von Gesine und den Vorgängen zeichnet, in die musikalische Besinnung hineinzubringen. Ist es gelungen oder nicht? Ihre Meinung dazu interessiert mich brennend....

In der Hoffnung
auf eine positive Resonanz
Ihrerseits, grüße ich sie freundlich,

Ihr Lasse Los

Aus dem Antwortbrief von Gesines Vater Peter Wagner vom 19.11.1990

„...Ihr Brief war eine große Überraschung für uns, weil wir, wie Sie sich denken können, von Ihrer Aktivität zuvor nichts gehört haben....
Es berührt mich zu sehen, dass Gesines Buch zu eigener kreativer Gestaltung einen Impuls geben konnte. Sie haben durch Auswahl und Gewichtung etwas Eigenes gemacht. Stark ist der Appell im letzten Teil der „Besinnung" aus den wenigen Seiten des Buches herausgeholt, vor allem durch die beiden letzten Songs „Hey, Alan Stephenson" und „Umkehren ist besser als Bedauern".
Ich selbst habe es nicht als das Ziel angesehen, mit dem Buch anzuklagen. Unser Wunsch war es, Gesines Namen irgendwo leserlich anzuschreiben, so dass sie als Person voll Leben erkennbar wird. Und auch das ist Ihnen auf eine unaufdringliche Weise durch die Auswahl der Texte gelungen. Vielen Dank!
Darum haben wir auch nichts gegen Ihre Bearbeitung einzuwenden, im Gegenteil! Es ist gut, dass Sie zu eigener Freiheit den Mut hatten. Nur so konnte es etwas so Gutes werden! ....
Nun aber noch einmal herzlichen Dank und viele Grüße an Paxophon ... und alle Mitwirkenden – vor allem an Sie...

Ihr Peter Wagner

Aus dem Brief einer Journalistin vom 23.12.1991

…Oft habe ich über meinen Liedblättern gesessen und versucht, das eine oder andere Lied aus Ihrer musikalischen Besinnung von Gesine Wagner wieder in mir wach zu rufen. Nach einmal Hören bei der Aufführung war das ziemlich schwierig. Ich freue mich sehr, nun diese Kassette zu besitzen und danke Ihnen allerherzlichst, dass Sie mir dieses Geschenk gemacht haben, das im übigen auch gleich gehörige Konsequenzen in der Familie hatte....

Ich hatte …die Kassette gleich, auch in Anwesenheit meiner Tochter... laufen lassen. Wiewohl ich mit ihr seinerzeit über den Inhalt gesprochen hatte, endete das Zuhören der inzwischen Siebeneinhalbjährigen in bitterlichen Tränenströmen.... Nachdem sie sich die Kassette ein zweites Mal ganz für sich angehört hatte,... kam sie dann mit einer ihrer liebsten Babypuppen, und ich sollte bitte schön dafür sorgen, dass diese Gesine aufs Grab gelegt wird. Ich habe ihr das ausgeredet; realistischerweise würde diese Geste damit enden, dass sie (wir hatten das schon) bitterliche Tränen über den Verlust ihrer Puppe vergießt und schließlich auf dem Besuch des Grabes mit Puppe bestehen würde. Aber wir hatten ein gutes Gespräch über den Wahnsinn der Menschen und die Botschaft von Gesine."

**Musik-Text-Collage über den Leidensweg
der Etty Hillesum als gelebte
Antwort auf die
Sinnfrage**

1. Intrada (Instrumental)

Prolog

„Ich weiß nicht mehr, warum und wozu ich lebe. Mir ist der Glaube an einen Sinn meines Daseins abhanden gekommen. Das ging über viele Stufen abwärts: eine Enttäuschung mit einem Mädchen, die Beobachtung der Leere und Verlogenheit im Leben meiner "religiösen" Eltern und der Gesellschaft ringsum, der Leistungszwang in der Schule, der Selbstmord meines Freundes, das Scheitern der politischen Linken, das Versagen der Kirchen.
Woran könnte man sich halten? Da ist nichts. Mir bietet sich der Selbstmord an. Aber davor scheue ich doch noch zurück. Manchmal meine ich, man müsste doch einen Sinn finden können."

Dies schrieb ein zwanzigjähriger Student in den achtziger Jahren an die Schriftstellerin Luise RINSER.

So oder ähnlich denken, reden, schreiben heute viele Menschen, vor allem zahlreiche junge. Nach dem Sinn des Lebens zu fragen, am Sinn des Lebens zu zweifeln oder bei ausbleibenden überzeugenden Antworten auch zu verzweifeln, ist heute zu einer Massenerscheinung geworden. Die Selbstmordrate bei Kindern, Jugendlichen und Senioren steigt beängstigend.
Wie soll man ihnen antworten? Welche möglichen Antworten aus dem Spektrum menschlicher Antwortversuche sind hilfreich, helfen, zu leben?
Statt eigenem Antwortgestammel will ich unserem unbekannten Studenten und allen, die zuhören wollen, die Lebens- und Leidensgeschichte der Etty Hillesum erzählen.

2. Ouverture (Instrumental)

Erste Annäherumg an Etty Hillesum:
Das kurze Leben der Etty Hillesum

Etty Hillesum war 29 Jahre alt, als sie im Spätherbst am 30. November 1943 mit ihrer ganzen Familie im KZ Auschwitz ermordet wurde. In ihren letzten Lebensjahren hat sie Tagebuch geführt. Ihre Aufzeichnungen dokumentieren ihr intensives Ringen um einen Lebenssinn auf ihrem Leidensweg.

Wer war Esther Hillesum, die von Kindheit an Etty genannt wurde? Geboren wurde sie am 15. Januar 1914 in der niederländischen Stadt Middelburg als Kind jüdischer Eltern. Etty war - wie ihre beiden jüngeren Brüder Mischa und Jaap - ungewöhnlich begabt. Sie genoss eine kulturell, wissenchaftlich und politisch außerordentlich anregende Erziehung und Ausbildung. Sie studierte Jura und slawische Sprachen und schloss beide Studiengänge mit glänzenden Examina ab.

Als sie das Studium der Psychologie aufnimmt, ist der zweite Weltkrieg in vollem Gange. Schon vor der Besetzung der Niederlande durch deutsche Nazi-Truppen lernt sie den deutsch-jüdischen Emigranten und Psychotherapeuten Julius SPIER kennen, der sie in ihrer schwierigen Selbstfindung klärend begleitet.

Im Juli 1942 bekommt sie eine Anstellung in der jüdischen Getto-Selbst-Verwaltung. Dies ermöglicht ihr den Verbleib in Amsterdam. Mehrmals geht sie freiwillig zu niederländischen Juden in das Durchgangslager Westerbork, wo auf einem halben Quadratkilometer Tausende von Menschen zusammengepfercht dahin vegetieren. Dort versucht sie, den bedrängten Menschen in aufopferungsvoller Weise zu helfen.

Am 7. September 1943 wird sie mit ihrer ganzen Familie nach Auschwitz deportiert. Ein Bericht des roten Kreuzes meldet ihren Tod am 30. November 1943 in Auschwitz. Auch ihre Eltern und Brüder werden ermordet.

Überlebende aus den Lagern haben berichtet, dass Etty bis zuletzt eine liebevolle, Vertrauen ausstrahlende Persönlichkeit gewesen sei.

3. Instrumental (Ouverture gekürzt)

Zweite Annäherung an Etty Hillesum:

Ich kann den Sinn des Lebens und den Sinn des Leidens nicht mehr erkennen

Nach dem militärischen Überfall der Nazi-Truppen auf die Niederlande im Mai 1940 beginnt Etty, Tagebuch zu führen, um sich in ihrer *"wild durcheinander geworfenen Welt"* Klarheit zu verschaffen:

„Wieder Verhaftungen, Terror, Konzentrationslager, willkürliches Abholen von Vätern, Brüdern, Schwestern. Man sucht nach dem Sinn des Lebens und fragt sich, ob es überhaupt noch einen Sinn hat....
Vielleicht hat jedes Leben seinen eigenen Sinn, und es bedarf eines ganzen Lebens, um diesen Sinn herauszufinden. Jedenfalls habe ich zur Zeit allen Zusammenhang mit dem Leben und den Dingen verloren und habe das Gefühl, dass alles zufällig ist...
Alles erscheint so drohend und unheilverkündend, und dazu die große Machtlosigkeit." *(S. 37)*

Etty's Ringen um Sinn wird noch verschärft und erschwert durch Selbsttötungen in ihrem sozialen Umfeld, z.B. ihr ehemaliger Kollegprofessor Willem Adriaan BONGER, ein namhafter Soziologe.

Sie schreibt in ihr Tagebuch: *„Auch BONGER bleibt mir unvergesslich... Wenige Stunden vor der Kapitulation. Plötzlich die schwere, plumpe, deutlich erkennbare Gestalt Bongers, die sich drüben am Eisklubfeld entlang schob, mit blauer Brille, den schweren, originellen Kopf seitwärts zu den Rauchwolken gewandt, die in der Ferne über der Stadt hingen und aus dem brennenden Ölhafen aufstiegen. Jenes Bild, die schwerfällige Gestalt mit dem schief zu den Rauchwolken in der Ferne erhobenen Kopf werde ich nie vergessen. In einer* *spontanen Anwandlung rannte ich ohne Mantel zur Tür hinaus, lief hinter ihm her, holte ihn ein und sagte: "Guten Tag, Herr Prof. Bonger, ich habe in diesen letzten Tagen viel an Sie gedacht, ich möchte Sie ein Stück begleiten." Und er blickte mich seitlich durch die blaue Brille an und hatte trotz der beiden Examina und meinem Jahr im Kolleg keine Ahnung, wer ich war, aber in jenen Tagen waren die Menschen so vertraut miteinander, dass ich freundschaftlich neben ihm herging. An das Gespräch erinnere ich mich nicht genau. An diesem Tag begann die große Fluchtwelle nach England, und ich fragte: "Meinen Sie, dass es einen Sinn hat zu fliehen?" Er antwortete: "Die Jugend muss hier bleiben." Darauf ich: "Glauben Sie, dass die Demokratie siegen wird?" Und er: "Sie wird mit Sicherheit siegen, aber es wird auf Kosten einiger Generationen geschehen." Und er, der gestrenge Bonger, war so wehrlos wie ein Kind, fast sanftmütig, und ich fühlte plötzlich das unwiderstehliche Verlangen, meinen Arm um ihn zu legen und ihn wie ein Kind zu führen, und so, meinen Arm um ihn geschlungen, spazierten wir am Eisklubfeld entlang. Er schien irgendwie gebrochen und dennoch zutiefst gütig. Seine Leidenschaftlichkeit, seine Strenge waren wie ausgelöscht.*

Mein Herz verkrampft sich, wenn ich daran denke, wie er früher war, er, der Schrecken des Kollegs. Auf dem Jan Willem Brouwersplein verabschiedete ich mich. Ich trat vor ihn hin, nahm seine Hand in beide Hände, und er senkte gütig den schweren Kopf und blickte mich durch die blauen Gläser an, hinter denen ich seine Augen nicht erkennen konnte, und sagte dann mit einer fast komischen Feierlichkeit: "Es war mir ein Vergnügen!"

Und als ich am nächsten Abend zu Becker hineinschaute, hörte ich als erstes: "Bonger ist tot!" Ich sagte: "Das ist nicht möglich, ich habe noch gestern um 7 Uhr mit ihm gesprochen." Darauf Becker: "Dann sind Sie eine der letzten, die mit ihm gesprochen haben. Um 8 Uhr hat er sich eine Kugel durch den Kopf gejagt." Eines seiner letzten Worte hatte er demnach zu einer fremden Studentin gesagt, die er gütig durch seine blaue Brille anblickte: "Es war mir ein Vergnügen!" Bonger ist nicht der einzige. Eine Welt zerfällt in Trümmer." (S. 32f)

4. Fragendes Gedenken

Musik+Text
Lasse Los

1. Te-le-fo-nisch kam die Nach-richt, sie traf uns bis ins Mark! Dein Aus-zug aus dem Le-ben uns al-le tief er-schrak! Du hast die Schot-ten dicht ge-macht? Den Weg zu Dir ver-sperrt? Die Tür hin-ter Dir zu-ge-knallt?

4. Lied: Fragendes Gedenken
(Text und Vertonung: Lasse Los)

1. Str.:   *Telefonisch kam die Nachricht,*
            sie traf uns bis ins Mark.
            Dein Auszug aus dem Leben
            uns alle tief erschrak.
            Du hast die Schotten dicht gemacht.
            Den Weg zu Dir versperrt.
            Die Tür hinter Dir zugeknallt.
            Hast Du Dich so gewehrt?

2. Str.:   *Was ist mir Dir geschehen?*
            Wer gibt uns Rechenschaft?
            Was lähmte Deinen Antrieb?
            Was zersetzte Deine Kraft?
            Wer hat die Hoffnung Dir geraubt,
            den Atem Dir erstickt?
            Was hat Dein Streben mattgesetzt,
            den Lebensbaum geknickt?

3. Str.:   *Warum hast Du Dich ausgelöscht,*
            wird immer noch gefragt?
            Wir können manches ändern,
            auch Du hast es früher gewagt.
            Die Welt rast auf den Abgrund zu,
            vieles wird falsch dirigiert.
            Doch gibt es nur Verbesserung,
            wenn keiner resigniert.

Refr.:   *Wo bist Du nun nach dem Tod?*
            Uns lässt Du hinter Dir!
            Wie sollen wir damit leben?
            Wir brauchten Dich doch hier!

Dritte Annäherung an Etty Hilleseum:

Lebensangst auf der ganzen Linie.
Völlige Niedergeschlagenheit.
Mangel an Selbstvertrauen. Abscheu. Angst.

Mit der Besetzung Amsterdams durch die Nazi-Truppen Mitte Mai 1940 beginnt auch die Verfolgung der jüdischen Bevölkerung. Ohnmächtig sieht Etty sich und andere diesem Schicksal ausgeliefert. Sie gerät in eine tiefe seelische Krise. Sie schreibt:

„Mir ist ein schweres Leben beschieden. Manchmal habe ich gar keine Lust mehr dazu. Denn ich weiß im voraus, wie alles kommen wird und bin so müde."(S. 53)

Tiefe Traurigkeit und Niedergeschlagenheit wechseln bei ihr mit einer gewissen Neugier über das, was ihr geschieht. Denn: Sie möchte einmal Schriftstellerin werden.

„Ich beobachte an mir selber, dass sich neben all dem subjektiven Leid, das ich erfahre, eine gewisse objektive Neugier einstellt, ein leidenschaftliches Interesse für alles, was diese Welt, die Menschen und meine Seelenregungen betrifft. Ich glaube manchmal, darin besteht meine Aufgabe. Über alles, was um mich herum geschieht, muss ich mir in meinem Kopf Klarheit verschaffen und es später beschreiben...
Armer Kopf und armes Herz, was werdet ihr noch alles verarbeiten müssen." (S. 49)

Im seelischen Auf und Ab ihrer Krise ringt Etty um eine situationsangemessene Einstellung:

„Ich komme mir manchmal wie ein Abfalleimer vor, in mir ist soviel Verwirrung und Eitelkeit und Halbheit und Minderwertigkeit. Aber auch eine tiefe Ehrlichkeit und eine fast elementare Sehnsucht nach Reinheit und Harmonie zwischen dem Äußeren und dem Inneren.

Manchmal sehne ich mich nach einer Klosterzelle mit der verfeinerten Weisheit von Jahrhunderten auf den Bücherregalen... und mit einer Aussicht auf Kornfelder... Und mit der Zeit würde sich dann wohl Ruhe und Klarheit einfinden.
Aber das ist keine Kunst. Hier, an diesem Ort, in dieser Welt und jetzt muss ich zu Klarheit und Ruhe und ins Gleichgewicht kommen. Ich muss mich selbst jedes Mal erneut der Realität stellen, mich auseinandersetzen mit allem, was mir auf meinem Weg begegnet... aber es ist so schrecklich mühsam." (S. 44)

„Ich habe manchmal ein Gefühl, als säße ich in einem höllischen Fegefeuer und würde zu etwas geschmiedet. Zu was?" (S. 53)

„Gestern habe ich einen Augenblick lang gedacht, ich könnte nicht weiterleben und hätte Hilfe nötig. Ich konnte den Sinn des Lebens und den Sinn des Leidens nicht mehr erkennen, ich hatte das Gefühl, unter einem gewaltigen Gewicht zusammenzubrechen, aber auch dadurch habe ich einen Kampf durchgefochten, der mich weitergebracht hat, durch den ich stärker bin als vorher. Ich habe versucht, dem Leid der Menschheit gerade und ehrlich in die Augen zu schauen, ich habe mich damit auseinandergesetzt, oder besser: irgendwas in mir hat sich damit auseinandergesetzt. Auf viele verzweifelte Fragen bekam ich Antwort, die große Sinnlosigkeit hat wieder einer gewissen Ordnung und Regelmäßigkeit Platz gemacht, und ich kann wieder weitermachen. Es war eine kurze, aber heftige Schlacht, aus der ich ein winzig kleines bisschen reifer hervorgegangen bin." (S. 38f)

5. Lied: Bilanz eines Tages
(Text: Gesine Wagner, Vertonung: Lasse Los – S. 22/23)

Str.: „Mit niemandem gewohnt,
mit niemandem gesprochen.
mit niemandem gelacht,
niemanden weinen gesehen,
mit niemandem getanzt,
mit niemandem gestritten,
niemanden getröstet,....
niemanden geliebt."

Refr.: Bilanz eines Tages, eines widerlichen Tages,
graues und trostloses Niemandsleben. (2 x)

Vierte Annäherung an Etty Hillesum:

Das Leben ist es wert, gelebt zu werden

Auf der Suche nach einem therapeutischen Begleiter in ihrer Krise begegnet sie Julius SPIER, einem jüdischen Emigranten aus Berlin. Julius SPIER, ein kreativer und begnadeter Psychotherapeut - Schüler des berühmten Tiefenpsychologen Carl Gustav JUNG - emigriert 1939 unter dem Druck der Nazis nach Amsterdam. Dort setzt er seine segensreiche und heilende Tätigkeit als Psychotherapeut fort.
Für Etty wird er zum höchst wirksamen Begleiter bei ihrer Selbstanalyse. Sie schreibt in ihr Tagebuch:

„Ich bin noch nie einem Menschen begegnet, der über soviel Liebe, Kraft und unerschüttertes Selbstvertrauen verfügt wie Spier." (S. 55)   „Seit ich ihn kenne, mache ich einen Reifungsprozess durch, von dem ich mir in diesem Alter nie hätte träumen lassen." (S. 34)
„Und jetzt werden mir seine Worte während meines ersten Besuches bei ihm klar: "Was hier sitzt - und er zeigte auf seinen Kopf - muss von da kommen - und dabei zeigte er auf sein Herz." (S. 25)

„Die Bewusstwerdung ist in vollem Gange, und alles, was bis dahin in tadellos ausgearbeiteten theoretischen Formulierungen in meinem Kopf steckte, soll nun auch in mein Herz übergehen und zu Fleisch und Blut werden ... alles muss noch selbstverständlicher und einfacher werden, und schließlich wird man womöglich irgendwann noch ein erwachsener Mensch mit der Fähigkeit, anderen Sterblichen auf dieser Erde in ihren Schwierigkeiten beizustehen und durch sein Werk für andere Klarheit zu schaffen, denn darum geht es doch." (S. 20)

In ihrem Reifungsprozess wird Etty eine grundlegende Fehlhaltung zum Leben bewusst: Ihre Kopflastigkeit. Sie schreibt dazu:

„Das ist deine Krankheit: du willst das Leben mit deinen eigenen Formeln erfassen. Du willst alle Erscheinungen dieses Lebens mit deinem Geist umfassen, statt dich vom Leben umfassen zu lassen.
Wie war es doch wieder? Den Kopf in den Himmel stecken, das geht aber den Himmel in deinen Kopf stecken, das geht nicht." (S. 60))

„Ich muss wirklich einfacher werden. Mich mehr dem Leben überlassen. Nicht jetzt schon die Ergebnisse meines Lebens sehen wollen. Mein Heilmittel kenne ich jetzt. Ich brauche mich nur in einer Ecke auf den Boden zu hocken und zusammengekauert in mich hineinhorchen. Mit Denken komme ich ja doch nicht weiter. Denken ist eine schöne und stolze Beschäftigung beim Studieren, aber aus schwierigen Gemütszuständen kann man sich nicht "heraus denken". Dazu muss man anders vorgehen. Man muss sich passiv verhalten und horchen. Wieder den Kontakt mit einem Stückchen Ewigkeit finden." (S. 54)

In ihrer Bewusstwerdung begrenzt sich Etty nicht auf sich selbst, sondern stellt sich auch dem Leid, das um sie herum geschieht:

"Was sich im letzten halben Jahr vor unseren Augen an menschlichem Leid abgespielt hat und sich noch täglich abspielt, ist mehr als ein einzelner in einem halben Jahr verkraften kann....
Wieder ist jemand zu Tode gefoltert worden, der sanftmütige junge Mann von Cultura. Ich erinnere mich noch, dass er Mandoline spielte. Seinerzeit hatte er ein nettes Mädchen, das inzwischen seine Frau geworden ist, und ein Kind ist auch da." (S. 91)

Etty fragt sich: **"Was ist das im Menschen, das die anderen vernichten will?"**
Im horchenden Nachsinnen über einen Zusammenstoß mit einem Gestapo-Burschen versucht sie, eine Antwort zu finden:

"Und das war wieder ein historischer Moment an diesem Morgen: nicht, dass ich von einem unglücklichen Gestapo-Burschen angeschrien wurde, sondern dass ich darüber keineswegs entrüstet war und eher Mitleid mit ihm hatte, so dass ich ihn am liebsten gefragt hätte: War deine Jugend so unglücklich, oder hat dein Mädchen dich betrogen?
Er sah gequält und aufgeregt aus... Am liebsten hätte ich ihn gleich in psychologische Behandlung genommen, wobei mir stark bewusst war, dass solche Burschen nur bedauernswert sind, solange sie nichts Böses anrichten können, aber lebensgefährlich, wenn sie auf die Menschheit losgelassen werden...
Verbrecherisch ist nur das System, das sich dieser Kerle bedient... Außerdem an diesem Morgen: die überaus starke Empfindung, dass ich trotz allen Leides und Unrechts, das überall geschieht, die Menschen nicht hassen kann, und dass all das entsetzliche und grauenvolle Geschehen nicht etwas geheimnisvoll Fernes und Drohendes von außen ist, sondern uns sehr nahe steht und aus uns Menschen hervorgeht.

Und mir deshalb wiederum vertrauter und weniger beängstigend vorkommt. Beängstigend ist vielmehr, dass die Systeme über die Menschen hinauswachsen und sie in ihren satanischen Griff bekommen und zwar die Erfinder und die Opfer der Systeme gleichermaßen, wie große Gebäude und

Türme, von Menschenhand gebaut, uns überragen und beherrschen, aber auch über uns zusammenstürzen und begraben können." (S. 94)

Eines der brennendsten Probleme, die Etty bedrängen, ist der Umgang mit dem Leid und dem Leiden, soweit es nicht handelnd zu vermeiden oder zu lindern ist. Auch hier hilft ihr Julius Spier in seiner therapeutischen Begleitung. Etty notiert dazu in ihrem Tagebuch:

„So paradox es klingen mag: Spier macht die Menschen gesund, indem er sie lehrt, das Leiden zu akzeptieren." (S. 83)

„Das Leiden tastet die Würde des Menschen nicht an. Ich meine damit: man kann menschenwürdig und menschenunwürdig leiden. Ich meine damit: Die meisten Menschen des Westens verstehen die Kunst des Leidens nicht und haben tausend Ängste davor. Das ist kein Leben mehr, wie die meisten Menschen leben: in Angst, Resignation, Verbitterung, Hass, Verzweiflung." (S. 122)

„Es macht viel aus, wie man das Leiden erträgt, und ob man es in sein Leben einzuordnen vermag und das Leben dennoch bejaht." (S. 123)

Je mehr Etty zu einer bejahenden Einstellung zum nicht abwendbaren Leiden hinfindet, desto mehr entwächst sie ihrer Krise, desto stärker wird sie von positiven, tragenden Lebensimpulsen berührt:

„Ich weiß über alles Bescheid und kann alles ertragen und werde immer stärker im Ertragenkönnen, und zugleich ist da die Gewissheit, dass ich das Leben als schön und lebenswert und sinnvoll empfinde. Trotz allem!" (S. 123)

Und drei Wochen später bezeugt sie in ihrem Tagebuch:

„Ich komme mir vor wie ein Behälter für ein Stück kostbaren Lebens, für das ich die Verantwortung trage.

Ich fühle mich verantwortlich für das große und schöne Lebensgefühl in mir, das ich durch diese Zeit hindurch unversehrt in eine bessere Zeit hinübertragen muss. Es gibt Augenblicke, in denen ich glaube, resignieren oder aufgeben zu müssen, aber immer wieder siegt das Gefühl der Verantwortung, das Leben in mir wirklich lebendig zu erhalten." (S. 158)

6. Lied: Wähle das Leben   - trotz alledem

1. Wähle das Leben   – trotz alledem
   Es ist Dir gegeben   – trotz alledem
   Begreife es als Aufgabe   – trotz alledem
   In jeder Lebenslage   – trotz alledem

2. Lass Dich nicht treiben   – trotz alledem
   Im Alltag zerreiben   – trotz alledem
   Beginne Dich zu fragen   – trotz alledem
   Was wird mich tragen   – trotz alledem

3. Entdecke den Sinn   – trotz alledem
   Den echten Gewinn   – trotz alledem
   Er lässt sich in vielem finden   – trotz alledem
   Er wird in Dir Kraft entzünden – trotz alledem

4. Wage Vertrauen   – trotz alledem
   Du kannst darauf bauen   – trotz alledem
   Liebe wird Dich ergreifen   – trotz alledem
   In ihr wirst Du reifen   – trotz alledem

(Text und Vertonung: Lasse Los)

6. Wähle das Leben - trotz alledem!

Text+Musik:
Lasse Los

Fünfte Annäherung an Etty Hillesum:

Irgendwo in Dir ist etwas, das Dich niemals mehr verlassen wird

Mitte Juli 1942 erhält Etty eine Anstellung bei der Kulturellen Abteilung des Jüdischen Rates, wo sie Freistellungsanträge jüdischer Mitbürger, die sich von der Deportation freistellen lassen wollen, bearbeiten muss. Sie notiert in ihrem Tagebuch:

*„Am deprimierendsten ist es, dass es unter den Leuten, mit denen ich arbeite, fast niemanden gibt, dessen innerer Horizont sich erweitert hätte. Sie leiden auch nicht wirklich. Sie hassen, sie sind in Bezug auf ihre eigene Person optimistisch verblendet, sie intrigieren und verteidigen ehrgeizig ihre Pöstchen, das Ganze ist ein riesiger Saustall, und es gibt Augenblicke, in denen ich ... mutlos sagen möchte: Ich kann das nicht mehr aushalten. Aber es geht doch immer weiter, und ich lerne immer mehr über die Menschen hinzu."
(S. 160)*

Die Informationen über das Schicksal der deportierten Juden werden immer entsetzlicher:

„Mein Geist hat die schrecklichen Nachrichten der letzten Tage schon verarbeitet - ... in Polen scheint das Morden in vollem Gange zu sein - aber mein Körper offenbar noch nicht. Er ist wie in tausend Stücke zersplittert, und jedes Stückchen hat einen anderen Schmerz. Komisch, wie mein Körper die Dinge nachträglich verarbeiten muss." (S. 121)

„Es ist wahr, es geschehen Dinge, die wir früher mit unserem Verstand nicht für möglich gehalten hätten. Aber vielleicht haben wir noch andere Organe außer dem Verstand in uns, solche, die wir früher nicht gekannt haben und die dazu im Stande sein könnten, das Unfassbare zu fassen."

*„Ich glaube, dass irgendwo eine Art Regulator in mir vorhanden ist. Ich werde jedes Mal gewarnt, wenn ich durch eine Verstimmung auf einen falschen Weg geraten bin. Und wenn ich ehrlich und offen bleibe und den guten Willen nicht aufgebe, wirklich diejenige zu werden, die ich sein sollte, und das zu tun, was mir mein Gewissen in dieser Zeit vorschreibt, dann kommt alles wieder in Ordnung. Ich glaube, dass das Leben sehr große Anforderungen an mich stellt und viele Pläne mit mir vorhat, aber ich muss auf meine innere Stimme horchen und ihr Folge leisten, ich muss offen und ehrlich bleiben und darf meine Gefühle nicht versiegen lassen."
(S. 165f)*

"Wenn man nur auf den eigenen Rhythmus in sich hört und gemäß diesem Rhythmus zu leben versucht. Horchen auf das, was in einem selbst aufquillt.
Vieles von dem, was du tust, ist ja doch bloß Nachahmung oder eingebildete Pflicht oder eine falsche Vorstellung darüber, wie der Mensch sein sollte. Die einzige Gewissheit, wie du leben sollst und was du tun musst, kann nur aus dem Brunnen aufsteigen, der aus deiner eigenen Tiefe quillt."
(S. 81)

Das stille In-Sich-Hineinhorchen wird für Etty zu einer immer stärkeren Kraftquelle, aus der sie immer häufiger schöpft, um ihr bedrohtes Leben zu bestehen. Im Zusammenklang damit vertieft sich ihre Wahrnehmung mit der Schlüsselerfahrung, die Albert Schweitzer die "Ehrfurcht vor dem Leben" genannt hat:

"Ich war früh zu Bett gegangen und schaute durch große, offene Fenster hinaus. Und mir war wieder, als wäre das Leben mit all seinen Geheimnissen mir sehr nahe, als könne ich es berühren. Mir war, als ruhte ich an der nackten Brust des Lebens und hörte seinen leisen, regelmäßigen Herzschlag. Ich lag in den nackten Armen des Lebens und fühlte mich sicher und beschützt. Und ich dachte: Wie sonderbar doch das ist. Es ist Krieg. Es gibt Konzentrationslager. Die kleinen Grausamkeiten häufen sich immer mehr. Wenn ich die Straßen entlanggehe, weiß ich von vielen Häusern, an denen ich vorbeikomme: dort ist der Sohn im Gefängnis, dort wird der Vater als Geisel gehalten, und dort ist das Todesurteil eines achtzehnjährigen Sohnes zu beklagen. Und diese Straßen und Häuser liegen ganz in der Nähe meines Hauses. Ich kenne die Verzweiflung der Menschen, ich weiß um das viele menschliche Leid, das sich immer mehr anhäuft, ich weiß von Verfolgung und Unterdrückung, von Willkür und ohnmächtigem Hass und von vielem Sadismus. Ich weiß das alles und behalte jedes Stückchen Wirklichkeit im Auge, das zu mir dringt.
Und dennoch - in einem unbewachten, mir selbst überlassenen Augenblick liege ich auf einmal an der nackten Brust des Lebens, und seine Arme legen sich weich und beschützend um mich, und sein Herzklopfen kann ich gar nicht schildern: es ist

so langsam und regelmäßig und leise, fast gedämpft, aber auch treu, als wollte es nie aufhören, und auch so gut und so barmherzig."
"Es gibt Augenblicke, in denen ich mich wie ein kleiner Vogel in einer großen schützenden Hand geborgen fühle." (S. 166)

"Mir ist so sonderbar zumute. Bin das wirklich noch ich, die hier mit einer solchen Ruhe und Reife am Schreibtisch sitzt, und würde mich jemand verstehen, wenn ich sagte, dass ich mich merkwürdig glücklich fühle... ganz einfach glücklich darüber, dass Güte und Vertrauen tagtäglich in mir wachsen? Weil das Verwirrende, Bedrohende und schwer zu Ertragende, das mir bevorsteht, keinen Augenblick lang meinen Geist verwirrt? Weil ich das Leben mit all seinen Konturen klar und deutlich erkenne und erlebe. Weil nichts mein Denken und Fühlen trübt. Weil ich alles ertragen und verarbeiten kann und weil das Bewusstsein von all dem Guten im Leben, auch in meinem Leben, nicht durch anderes verdrängt, sondern im Gegenteil immer stärker wird. Ich getraue mich kaum, weiter zu schreiben, ich weiß nicht, was das ist, als ginge ich fast zu weit in meinem Bestreben, mich dem zu entziehen, was die meisten anderen Menschen beinahe in den Wahnsinn treibt." (S. 136)

"In manchen Augenblicken kommt es mir vor, als wäre das Leben für mich durchsichtig geworden, und auch die Herzen der Menschen, ich schaue und schaue, und begreife immer mehr, und ich werde innerlich immer friedvoller; in mir ist ein Vertrauen, das mich zunächst durch ein rasches Wachstum fast ängstigte, das mir aber immer mehr zu eigen wird." (S.142)
Aus vielen ihrer Tagebuchtexte wird ablesbar, dass Etty zu einem intensiven, kreativen „Lebensglauben" hinfindet. Er hilft ihr, einer fürchterlichen Gewissheit standzuhalten:

"Gut, diese neue Gewissheit, dass man unsere totale Vernichtung will, nehme ich hin. Ich weiß es nun. Ich werde den anderen mit meinen Ängsten nicht zur Last fallen, ich werde nicht verbittert sein, wenn die anderen nicht begreifen, worum es bei uns Juden geht. Die eine Gewissheit darf durch die andere weder angetastet noch entkräftet werden.

Ich arbeite und lebe weiter mit derselben Überzeugtheit und finde das Leben sinnvoll, t r o t z d e m sinnvoll, auch wenn ich mir das kaum noch in Gesellschaft zu sagen getraue."
(S. 124)

„Das Leben und das Sterben, das Leid und die Freude, die Blasen an meinen wundgelaufenen Füssen und der Jasmin hinterm Haus, die Verfolgung, die zahllosen Grausamkeiten, all das ist in mir wie ein einziges starkes Ganzes, und ich nehme alles als ein Ganzes hin, und beginne immer mehr zu begreifen, nur für mich selbst, ohne es bislang jemand erklären zu können, wie alles zusammenhängt. Ich möchte lange leben, um es später doch noch einmal erklären zu können, und wenn mir das nicht vergönnt ist, nun, dann wird ein anderer mein Leben von dort an weiterleben, wo das meine unterbrochen wurde, und deshalb muss ich es so gut und so überzeugend wie möglich weiterleben bis zum letzten Atemzug, so dass derjenige, der nach mir kommt, nicht ganz von neuem anfangen muss und es nicht mehr so schwer hat. Tut man damit nicht auch etwas für die nachkommenden Geschlechter?
(S. 124)

7. Lied: Des Lebens Ruf an uns wird niemals enden

1. *Des Lebens Ruf an uns wird niemals enden.*
   Des Lebens Ruf an uns will Hoffnung spenden.
   Des Lebens Ruf an uns will Vertrauen wecken.
   Des Lebens Ruf an uns lässt Sinn entdecken.

2. *Des Lebens Ruf an uns wird niemals enden.*
   Des Lebens Ruf an uns will Verzweiflung wenden.
   Des Lebens Ruf an uns will Trost zusagen.
   Des Lebens Ruf an uns lässt Leid ertragen.

3. *Des Lebens Ruf an uns wird niemals enden.*
   Des Lebens Ruf an uns wird uns nicht blenden.
   Des Lebens Ruf an uns lässt Wahres sichten.
   Des Lebens Ruf an uns will uns aufrichten.

4. Des Lebens Ruf an uns will uns aufwecken.
Des Lebens Ruf an uns lässt uns anecken.
Des Lebens Ruf an uns spornt an zum Handeln.
Des Lebens Ruf an uns will alles wandeln.

(Text und Vertonung: Lasse Los)
(Vertonung siehe S. 88)

Sechste Annäherung an Etty Hillesum:

Ich möchte ein Pflaster sein auf vielen Wunden

Etty`s "Weg nach Innen" zum inneren Urquell, aus dem sie Lebens- und Sinnkräfte schöpft, wirkt sich auch positiv auf ihre Mitmenschen aus:

„Ich habe gern Kontakt mit Menschen. Mir ist, als würde ich durch meine intensive Aufmerksamkeit das Beste und Tiefste aus ihnen hervorlocken, sie öffnen sich mir, jeder Mensch ist für mich eine Geschichte, die das Leben selbst mir erzählt... Und meine Augen brauchen nur begeistert zu lesen. Das Leben vertraut mir so viele Geschichten an, ich werde sie weiter erzählen müssen und sie jenen Menschen nahebringen, die nicht so unmittelbar aus dem Leben zu lesen vermögen.."
(S. 201f)

Eine neue Bewährungsprobe durchlebt sie ab Anfang August 1942 im Durchgangslager Westerbork, in dem sie mit tausenden von Juden auf engstem Raum interniert wurde.

Aus verschiedenen Briefen an Freunde aus dem Lager Westerbork spricht ihr tiefes Mitgefühl:

„Wenn wieder einmal eine weinende Frau an einem Tisch saß, oder ein hungriges Kind, dann ging ich hin und stellte mich schützend hinter sie... ich blieb stehen und war nur da, denn tun konnte man ohnehin nichts.

Manchmal setzte ich mich neben jemanden hin und legte den Arm um seine Schulter, redete nicht viel, sondern sah nur in das Gesicht. Nie war mir etwas fremd, jede Äußerung menschlichen Kummers war mir vertraut. Alles kam mir so bekannt vor, als wüsste ich alles schon und hätte es früher einmal durchgemacht. Manche Leute sagen zu mir: Du musst ja eiserne Nerven haben, dass du das aushältst. Ich glaube nicht, dass ich eiserne Nerven habe, sondern vielmehr sehr empfindliche, aber "aushalten" kann ich es trotzdem. Ich getraue mich, jedem Leiden aufrecht ins Auge zu sehen, ich fürchte mich nicht davor. Und immer wieder am Ende jeden Tages das Gefühl: Ich liebe die Menschen so sehr." (S. 202f)

„Der Mensch ist etwas Seltsames! Das Elend, das hier herrscht ist wirklich unbeschreiblich. Wir hausen in den großen Baracken wie Ratten in einem Abwasserkanal. Man sieht viele dahinsterbende Kinder... Ab und zu sterben hier Menschen an gebrochenem Geist, weil sie den Sinn nicht mehr erkennen können, junge Menschen ... Das Elend ist wirklich groß, und dennoch laufe ich oft am späten Abend, wenn der Tag hinter mir in die Tiefe versunken ist, mit federnden Schritten am Stacheldraht entlang, und dann quillt es mir immer wieder aus dem Herzen herauf - ich kann nichts dafür, es ist nun einmal so, es ist von elementarer Gewalt - : Das Leben ist etwas Herrliches und Großes, wir müssen später eine ganz neue Welt aufbauen - und jedem weiteren Verbrechen, und jeder weiteren Grausamkeit müssen wir ein weiteres Stückchen Liebe und Güte gegenüberstellen, das wir in uns selbst erobern müssen. Wir dürfen zwar leiden, aber wir dürfen nicht darunter zerbrechen. (S. 208)

„Manchmal bricht plötzlich überall die Dankbarkeit in vollen Flammen in mir aus, wenn, wie jetzt, die Freundschaften und Menschen des vergangenen Jahres in überwältigender und ganzer Größe vor mir erstehen." (S. 206)

In all` dem Elend des Lagers, der Verzweiflung und der Trostlosigkeit wird sie immer wieder auch mit dem Hass konfrontiert. Sie schreibt dazu:

"Und doch bringt uns der Hass nicht weiter... Da gibt es z.B. bei uns einen Mitarbeiter.... Er hasst unsere Verfolger mit einem Hass, für den er, wie ich annehme, triftige Gründe hat. Aber er ist selbst ein Schinder. Er wäre der ideale Leiter eines Konzentrationslagers ....

Wenn ich ihn mit dem geraden Nacken, dem Herrscherblick ... unter den Menschen herumgehen sah, dachte ich immer: Es fehlt ihm nur noch eine Peitsche in der Hand, sie würde prächtig zu ihm passen..... Ab und zu hatte ich großes Mitleid mit ihm....

Siehst du, ... im Grunde war es doch so: Er war zwar voller Hass gegen jene, die wir als unsere Henker bezeichnen, aber er selbst wäre ein vortrefflicher Henker und Verfolger der Wehrlosen geworden. Und doch tat er mir leid. Kannst du das verstehen? Niemals gab es einen freundlichen Kontakt zwischen ihm und seinen Mitmenschen, und er konnte insgeheim so hungrig zuschauen, wenn andere freundlich miteinander umgingen.

(Ich konnte ihn immer sehen und beobachten, das Leben dort hat keine Wände.) Später erfuhr ich einiges über ihn von einem Kollegen, der ihn seit Jahren kannte. In den Tagen der Besetzung war er aus dem dritten Stock auf die Straße gesprungen, doch war es ihm nicht gelungen zu sterben, was ja offensichtlich seine Absicht war. Später hat er einmal versucht, sich von einem Auto überfahren zu lassen, aber auch das misslang. Danach hat er einige Monate in einer Irrenanstalt verbracht. Es war Angst, schiere Angst. Er war ein überaus brillanter und scharfsinniger Jurist, und bei den Diskussionen unter den Professoren hatte er immer das letzte, entscheidende Wort. Aber im entscheidenden Moment sprang er vor Angst aus dem Fenster. Ich hörte außerdem, dass seine Frau auf den Zehenspitzen im Haus herumgehen musste, weil er keine Geräusche ertragen konnte, und auch, dass er seine Kinder anschnauzte, die große Angst vor ihm hatten. Ich hatte tiefes, tiefes Mitleid mit ihm. Was ist ein solches Leben denn für ein Leben?" (S. 183f)

Aus einem Gespräch mit ihrem Freund Klaas:

„Und ich wiederholte mit derselben Leidenschaftlichkeit wie immer...: >>Es ist die einzige Möglichkeit, Klaas, ich sehe keinen anderen Weg, als das jeder von uns Einkehr hält in sich selbst und all dasjenige in sich ausrottet und vernichtet, was ihn zu der Überzeugung führt, andere vernichten zu müssen. Wir müssen durchdrungen sein von dem Gedanken, dass jeder Funken Hass, den wir zu der Welt hinzufügen, sie noch unwirtlicher macht, als sie ohnehin ist.<<

Und Klaas, der alte, verbissene Klassenkämpfer, sagte entrüstet und erstaunt zugleich: >>Ja, aber das - aber das wäre ja wieder das Christentum! <<
Und ich, über soviel plötzliche Verwirrung amüsiert, sagte ganz gelassen: >>Ja, warum eigentlich auch nicht – Christentum?<<" (S. 185)

8. Kanon:
Ich möcht` ein Pflaster sein auf vielen Wunden

Ich möcht` ein Pflaster sein auf vielen Wunden,

bei jenen Menschen, die arg geschunden.

Ich möcht` ein Pflaster sein auf ihren Wunden.

Diesen Menschen fühle ich mich tief verbunden.

(Text und Vertonung: Lasse Los)

8. Ich möcht' ein Pflaster sein auf vielen Wunden
(Kanon)

Text+Musik
Lasse Los

1. Ich möcht' ein Pflaster sein auf vielen Wunden,
2. bei jenen Menschen, die arg geschunden.
3. Ich möcht' ein Pflaster sein auf ihren Wunden,
4. diesen Menschen fühle ich mich tief verbunden.

Siebte Annäherung an Etty Hillesum:
Dass ein kleines Menschenherz soviel erleben kann,... soviel zu leiden und soviel zu lieben vermag! (S. 169)

Abschied von einem guten Freund: Aus einem Brief aus dem Lager Westerbork:
„Wir machten es uns gegenseitig nicht schwer mit unserem Kummer darüber, dass wir Abschied nehmen mussten...
Jeder von uns beiden konnte sein eigenes Schicksal tragen. Und deshalb ist die Verzweiflung hier so groß: Die meisten können ihr Schicksal nicht ertragen und laden es anderen die Schultern. Und darunter kann man zusammenbrechen, jedoch nicht unter seinem eigenen Schicksal." (S. 212)

Für ihre Existenzweise sucht Etty eine einmalige, zusammenfassende Formel:
„Für das, was in mir ist, für das übervolle und reiche Lebensgefühl ein einziges Wort finden, mit dem ich alles auszusagen vermag:

Das denkende Herz der Baracke (S. 171)

Aus einem Brief einer Freundin aus dem Lager Westerbork über den Abtransport von Etty am 07.09.1943 nach Auschwitz:
„Und dort betrat sie den Transportboulevard, den sie erst vor 14 Tagen in der ihr eigenen unvergesslichen Weise beschrieben hatte. Fröhlich redend, lachend, ein liebes Wort für jeden, der ihr über den Weg lief, voll funkelnden Humors, vielleicht auch einer Spur wehmütigen Humors, aber ganz unsere Etty, wie ihr sie alle kennt." (S. 220f)
„Nach der Abfahrt sprach ich mit ihrer kleinen Russin und einigen ihrer anderen Schützlinge. Und schon allein die Art, wie diese auf ihr Fortgehen reagierten, sprach Bände über die Liebe und Treue, die sie diesen Menschen gegeben hat." (S 221f)

Nach einem Bericht des Roten Kreuzes wurde sie und ihre ganze Familie am 30. November 1943 im Vernichtungslager Auschwitz-Birkenau umgebracht.

9. Frage und Antwort

Text: Werner Bergengruen
Vertonung: Lasse Los

Letzte Annäherung an Etty Hillesum:

Du bist das denkende Herz der Baracke

„Ich glaube, dass ich allmählich die Einfachheit erlangt habe, nach der ich mich immer gesehnt habe." (S. 159)

„… alles verläuft nach einem eigenen tieferen Rhythmus, und man müsste die Menschen lehren, auf diesen Rhythmus zu horchen, es ist das Wichtigste, was ein Mensch in diesem Leben zu lernen hat…" (S. 216)

„ … das Schwierigste, was ein Mensch lernen muss:… sich selbst seine Fehler und Irrtümer zu verzeihen. Wozu als allererstes gehört: sich eingestehen und großmütig damit abfinden können, dass man Fehler macht und Irrtümer begeht." (S. 181)

„Ich habe erfahren, dass man alles Schwere in Gutes verwandeln kann, indem man es trägt."

„Der Frieden kann nur dann zu echtem Frieden werden, irgendwann später, wenn jedes Individuum den Frieden in sich selber findet, und den Hass gegen die Mitmenschen, gleich welcher Rasse und welchen Volkes, in sich besiegt und zu etwas verwandelt, das kein Hass mehr ist, sondern auf weite Sicht vielleicht sogar zu Liebe werden könnte. Aber das ist vermutlich zu viel gefordert. Und doch ist es die einzige Lösung." (S. 115)

„…. ich will an allen Orten, wo ich bin, ein wenig Verbrüderung zwischen den sogenannten Feinden stiften, ich will begreifen, was geschieht, ich möchte, dass so viele Menschen, wie ich erreichen kann – und ich weiß, dass ich viele erreichen kann…, das Weltgeschehen aus meiner Sicht begreifen können." (S. 198f)

10. Ausklang: Instrumental (Variation der Ouverture)

Seitenangaben der Zitate aus:

Etty Hillesum: „Das Denkende Herz"
Die Tagebücher von Etty Hillesum 1941-1943
Rowohlt Taschenbuch Verlag Hamburg 1985, 2006 19.Aufl.
*Da Etty Hillesum vor über 70 Jahren ermordet wurde, sind
ihre Tagebücher seit Januar 2014 gemeinfrei und bedürfen
keiner Abdruckgenehmigung mehr.*

Martin Gray: Der Schrei nach Leben

Ein Menschenkreuzweg

Musik-Text-Collage über den Menschen-Kreuzweg des Martin Gray

1. Intrada mit Titelankündigung

Prolog:

Gibt es das überhaupt, dass ein Mensch, dessen Leben eine fast ununterbrochene Kette von Katastrophen ist, nicht nur die eigene Verzweiflung besiegt, sondern darüber hinaus noch anderen Menschen Lebensmut und Kraft zur Hoffnung schenkt?
Die Antwort auf diese Frage wollen wir in der folgenden Musik-Text-Collage geben mit Texten aus den Büchern von Martin Gray und einem Lied für Martin Gray, in dem wir besingen, was er uns beispielhaft vorgelebt hat:

„Des Lebens Ruf an uns wird niemals enden"!

2. Intrada (Instrumental)

Der Menschenkreuzweg des Martin Gray

Martin Gray, geboren 1922, gestorben 2016, wächst als ältester Sohn einer jüdischen Familie in Warschau auf. Nach einer glücklichen Kindheit erlebt er im Jahr 1939 den kriegerischen Einmarsch der deutschen Truppen. Mit seiner Familie wird er ins Warschauer Ghetto zwangsumgesiedelt. Als sein Vater, der sich dem polnischen Widerstand angeschlossen hat, untertauchen muss, um nicht in die Fänge der Gestapo zu fallen, steht Martin vor der schwierigen Aufgabe, seine Familie zu ernähren. Er entwickelt sich, kaum fünfzehnjährig, zu einem der erfolgreichsten Schleichhändler. Täglich schmuggelt er unter Lebensgefahr große Mengen an Lebensmittel ins Ghetto und hilft so mit, den Hunger im Ghetto zu mildern. Er wird verhaftet und ins berüchtigte Pawiak-Gefängnis gebracht. Dank seines ungeheuren Lebenswillen gelingt ihm die Flucht aus den Klauen der Henker.

Kurz danach beginnt die planmäßig angelegte Deportation der Juden in die Vernichtungslager. Als seine Mutter und seine beiden Brüder, die er gut versteckt hat, doch verhaftet werden, lässt er sich mit ihnen deportieren, in der Hoffnung, ihnen noch beistehen zu können. Doch im Todeslager Treblinka muss er hilflos mit ansehen, wie sie und Tausende seines Volkes vernichtet werden. Er wird einem Arbeitskommando zugeteilt, das die Ermordeten aus den Gaskammern schleppen und in Massengräbern verscharren muss.

Sein fast übermenschlicher Lebenswille hilft ihm, unter abenteuerlichen Bedingungen in einem Zug aus Treblinka zu fliehen. Martin streift dann durch die Wälder Polens, findet Arbeit bei verschiedenen Bauern und schlägt sich nach Zambrow durch. Er berichtet den Juden im Ghetto von Zambrow, was ihnen bevorsteht und rät ihnen zur Flucht. Doch sie glauben ihm nicht und verjagen ihn. Martin wird wieder verhaftet und in einem Übergangslager interniert, aus dem ihm erneut die Flucht gelingt.

Nun schließt er sich den Partisanen an und kämpft an ihrer Seite mit. Als er vom Aufstand der Juden im Warschauer Ghetto hört, kehrt er sofort nach Warschau zurück. Im Ghetto findet er seinen Vater wieder mit dem er sich am Aufstand beteiligt. Dabei erlebt er, wie sein Vater vor seinen Augen getötet wird. Er flieht durch die Kanalisation aus dem zusammengeschossenen Ghetto und schließt sich wieder den Partisanen an. Als die Rote Armee näher rückt, wird er in ihr aufgenommen. Zum Offizier der Roten Armee aufgestiegen, marschiert er an seinem 19.Geburtstag mit in Berlin ein.

Doch weil er kein kommunistischer Parteifunktionär werden will, verlässt er die Rote Armee. Er wandert nach Amerika aus zu seiner Großmutter, der einzigen Überlebenden seiner Familie. In Amerika arbeitet er in verschiedenen Jobs, als Verkäufer, als Hausierer, als Kellner, bis er zum Antiquitätenhändler wird. Die gute Auftragslage und sein Geschick lassen ihn reich werden.

Dann begegnet er Dina. Glückliche Jahre beginnen: Sie heiraten und bekommen ihre erste Tochter Nicole. In Südfrankreich kaufen sie sich oberhalb von Cannes ein Haus. Hier wollen sie in einer "Burg des Friedens" miteinander leben.

Drei Kinder werden ihnen noch geboren: Suzanne, Charles und Richard. Im Kreis seiner Familie kommt Martin Gray endlich zur Ruhe und zum inneren Frieden.

Doch dann bricht die Hölle wieder los:
Am Samstag, den 5. Oktober 1970 kommen Dina und die Kinder bei einem Waldbrand ums Leben.

3. Instrumental

Annäherungen an Martin Gray

Nach dem Tod seiner Familie durchlebt Martin Gray die Höllen der Verzweiflung. Mehrfach will er sich umbringen. Doch er widersteht allen Selbstmordimpulsen.
Später schreibt er über diese Zeit:

„Damals lernte ich die Nächte des Wahnsinns kennen, als ich mit dem Kopf auf den Boden hämmerte, als ich an mich presste, was von den entschwundenen Meinen noch übrig war, Dinge, mit denen meine Kinder gespielt hatten.
Ich habe geschrien. Aber ich war da, nachdem ich durch diese Nächte gegangen war; ich hatte gelitten, aber ich hatte das Leiden mit offenen Augen erlebt. Ich war nicht vor ihm geflohen." (S. 32)

Martin Gray findet einen Schriftsteller, **Max Gallo**, der mit ihm die Geschichte seines Lebens aufschreibt. Sein Buch: **„Der Schrei nach Leben"** wird zum Weltbestseller und macht ihn über Nacht berühmt. Im Gedenken an seine Frau Dina und seine vier Kinder gründet er die **„Dina-Gray-Stiftung zum Schutz des Menschen und seiner Umwelt."**

Erste Annäherung an Martin Gray:

Der Mensch hat immer zwei Wege vor sich. Zwischen ihnen muss er sich entscheiden

Nach dem großen Erfolg seines ersten Buches erfährt Martin Gray während verschiedener Lesungen in ganz Frankreich, dass die Geschichte seines Lebens und seines Leidens Menschen das Leben rettet.
In seinem zweiten Buch: **„Des Lebens Ruf an uns wird niemals enden"** schreibt er:

„Und dann ist diese alte Frau zu mir gekommen. Sie stand aufrecht vor meinem Tisch und drückte mein Buch an die Brust. Sie lächelte. Und hinter ihrem Lächeln glaubte ich andere alte Gesichter zu sehen, das Gesicht meiner Großmutter, die mich empfangen hatte, als ich nach dem Inferno Amerika erreichte. Das Gesicht anderer Frauen, zwischen den Trümmern Warschaus, einen Augenblick wahrgenommen, für immer verschwunden.
Und dann sprach die alte Frau, sprach sanft: >>Ihr Buch hat ein Leben gerettet.<< Sie erzählte von ihrer verzweifelten Tochter, die nicht mehr die Kraft zum Leben aufbringen konnte, als ihre Träume, einer nach dem anderen, zerbrochen waren. >>Das Leben war hart gegen sie<<, sagte die alte Frau, >>es war hart!<< Zufällig hatte sie dieses Buch, mein Buch, mein Leben, das Buch der Meinen, bekommen. Und es hatte etwas bewirkt. >>Ich kann es Ihnen nicht erklären,<< sagte die alte Frau, >>sie ist anders geworden, sie will jetzt leben, sie hat Arbeit bekommen, ich glaube, jetzt wird sie es schaffen.<< Sie presste noch immer das Buch an die Brust. Weil ich doch irgendetwas sagen musste, fragte ich: >>Möchten Sie, dass ich es signiere, Madame? << Sie schüttelte den Kopf: >>Deshalb bin ich nicht gekommen. Ich wollte Ihnen danken.<< Sie legte mir die Hand auf die Schulter.
>>Sie müssen so weitermachen, sprechen, zu den Leuten sprechen. Die Menschen wissen nichts. Manchmal genügen wenige Worte. Wer weiß, was dann geschieht - ein paar Worte genügen, und alles ändert sich.

Es ist, als ob sie etwas entdeckten, was sie vorher nicht erkannt hatten.<<
Sie ging. Ich bin mit dem Signieren fortgefahren. Doch ihre Worte klangen in mir nach." (S.15f)

4. Unsere Wege kreuzen sich

Text: Hermann J.Eimüller - Musik: Peter Janssens - Aus: Menschenkreuzweg 1982, Station 1.2
Alle Rechte im Peter Janssens Musik Verlag, Telgte-Westfalen

Zweite Annäherung an Martin Gray:

Ein nur auf sich selbst bezogenes Leben ist ein verstümmeltes Leben

„Ein nur auf sich selbst bezogenes Leben ist kein Leben, es ist ein verstümmeltes Leben, ohne Ziel und endend in den Abgründen der Einsamkeit und der Niederlage." (S. 199)

„In New York hatte ich ein blühendes Geschäft aufgebaut. ... ich war frei, mich bedrohte weder Gefängnis noch Tod. Ich war reich. Und doch war ich leer. Mit Entsetzen und Verwunderung dachte ich an das, was ich in der Zeit des Ghettos gewesen war, ein Schmuggler; ich hatte in meine verhungernde Stadt das Korn des Überlebens gebracht. Ich fand sie nun nicht wieder, diese Kraft in meinen Händen, diese Freude, mit der ich damals die Kornsäcke gepackt hatte. Ich war leer, weil ich allein war, ich arbeitete nur für mich, für mein Bankkonto, für meine Zukunft." (S. 200)

„Wenn die Leere unseres Lebens zu tief wird, wenn unser Leben damit hingeht, dass wir Dinge erwerben, Sachen, die in unseren Händen wie ein Eisblock schmelzen, wenn wir uns anstrengen, zwischen unseren Fingern eine Handvoll Wasser festzuhalten, wenn wir entdecken, dass Besitzen nur eine flüchtige Freude ist und dass wir immer mehr besitzen müssen, dann taumeln wir manchmal in den Abgrund einer Depression. Sie ist die Krankheit unseres Lebens, das kein lebenswertes Ziel hat. Sie ist die Auflehnung gegen die Vergeudung unseres Lebens, gegen seine Verstümmelung, seine Herabsetzung." (S. 199)

„Der Rückzug auf sich selbst, die Eingeschlossenheit, der eiserne Ring des Ich sind tödliche Gifte. Sie lassen Angst entstehen. Sie machen einsam." (S. 83)

So waren auch die Menschen, die in dem barbarischen Krieg am schnellsten der Angst und damit dem Tod erlagen, diejenigen, die ihr Leben einsam gelebt hatten. Die, für die ihr eigener Körper die Grenzen der Welt bedeutete." (S. 84)

5. Schwach ist der Mensch

Text: Hermann J. Eimüller - Musik: Peter Janssens - Aus: Menschenkreuzweg 1982, Station 5.1
Alle Rechte im Peter Janssens Musik Verlag, Telgte-Westfalen

5. Schwach ist der Mensch (Lied)

Schwach ist der Mensch und müde ist er,
bequem seine Möglichkeiten zu nutzen;
was er denkt, spricht er nicht aus,
und wenn er sich wirklich aufrafft,
geht er gleichzeitig zwei Schritte zurück.
Rücksicht auf Zweck, Freunde,
ist das nicht eher Feigheit,
genauer Angst, nackte Angst.

Stark ist der Mensch in seiner Gier,
bestrebt, seine Vorteile zu nutzen;
was er will, setzt er auch durch,
und wenn er auf Widerstand stößt,
geht er rücksichtslos darüber hinweg.
Rücksichtslosigkeit, Freunde,
kommt sie nicht aus der Feigheit
und aus der Angst, aus nackter Angst.

Schwach ist der Mensch und müde ist er,
bequem seine Möglichkeiten zu nutzen;
was er denkt, spricht er nicht aus,
und wenn er sich wirklich aufrafft,
geht er gleichzeitig zwei Schritte zurück.
Rücksicht auf Zweck, Freunde,
ist das nicht eher Feigheit,
genauer Angst, nackte Angst.

(Text: 1.+ 3. Strophe: Hermann Eimüller,
2. Strophe: Lasse Los , Vertonung: Peter Janssens)

Dritte Annäherung an Martin Gray:

Verstümmeltes Leben ist die Brutstätte von Verzweiflung und Gewalt

„Die Henker, die Gewalt, waren in mein Leben eingebrochen, als ich noch ein Heranwachsender war. Sie hatten mich so oft vor eine Mauer gestellt, mit ihren Gewehren auf mich gezielt und geschrien: >>Wer bist Du?<<   So hatten sie mich gezwungen, mich selbst zu bejahen. Als Juden, als Menschen.
Meine Feinde, meine Henker, ich kann euch für eure Lehren danken. Wenn ich sah, wie einer von ihnen, den Mund zusammengepresst in der Lust am Töten, sich auf einen von uns stürzte, wenn ich sah, wie sie den Müttern die Kinder entrissen, wie sie sich untereinander um das gestohlene Gold schlugen, dann wusste ich, dass im Menschen ein Untier haust, und dass unser Leben darin besteht, es nicht in uns selbst herrschen zu lassen." (S. 47)

„Das Barbarische, das wilde Unbewusste, können uns überwältigen. Weil in jedem von uns noch die lange, tausend Jahrtausende lange Geschichte der Menschen - barbarisch, wild, tierisch - lebendig ist." (S. 50f)

„Wenige Tage hatten mir genügt, um festzustellen, wie gebrechlich die Verkleidung ist, hinter der die meisten Menschen ihre Dämonen verbergen.
Ein paar Tage Hunger, ein paar Stunden der Angst, und schon schlagen Menschen aufeinander ein und töten einander... Es gibt Menschen, die andere um einen Brotlaib verraten, und Menschen, die einander um eine Kelle Suppe den Hals abschneiden.

Auf der Straße sehe ich zum Skelett abgemagerte Kinder erfrieren, und fette Menschen gehen gleichgültig vorbei. An der Mauer entlang, die uns einschließt, vergnügen sich die Henker, auf Kinder zu zielen, die ein paar Kartoffeln auflesen wollen. Und jedes Mal, wenn eines getroffen wird, klatschen die Vorübergehenden lachend Beifall. Beifall für einen Mord.

Ich habe es gesehen." (S. 50)

"Ich sah den Soldaten, der sein Gewehr anlegte... er war jung, wie ich damals, fast noch ein Kind in der schwarzen Uniform, die ihm zu groß war. Eines der Kinder, eine dieser Zielscheiben mit dem Davidstern, ist gestürzt. Der Soldat ist brüllend vor Freude zu seinen Kameraden zurückgekehrt. >>Ich hab` eins gekriegt!<< hat er gerufen, >>ich hab eins gekriegt!<< Er lachte, wie die Jugendlichen lachen, wenn sie sich vor einer Schießbude auf dem Markt drängen.
Was hatte man mit diesem Kind gemacht, dass es zum Henker wurde?" (S. 51)

"Meine ermordete Mutter hatte mich vor dem Gewalttätigen in mir geschützt. Ihre Sanftheit und ihre Güte hatten mich gezwungen, das Böse und die Rache nicht siegen zu lassen." (S. 57)

6. Bruder, schrei Deinen Schmerz (Lied)

Refr.:   Bruder, schrei` deinen Schmerz,
dass keiner mehr schlafe,
dass jeder es höre,
der Menschenantlitz trägt.

1. *Wecke uns auf aus falscher Sicherheit,*
   wecke uns auf aus falscher Sicherheit.

2. *Suche uns auf in unserer Ängstlichkeit,*
   suche uns auf in unserer Ängstlichkeit.

3. *Zeig` uns einen Weg aus Hoffnungslosigkeit,*
   zeig` uns einen Weg aus Hoffnungslosigkeit.

4. *Schenke uns Lebensbrot in unserer Not,*
   schenke uns Lebensbrot in unserer Not.

6. Bruder, schrei` Deinen Schmerz

Text: Hermann J. Eimüller - Musik: Peter Janssens - Aus: Menschenkreuzweg 1982, Station 8.2
Alle Rechte im Peter Janssens Musik Verlag, Telgte-Westfalen

Vierte Annäherung an Martin Gray:

Ein Mensch werden.
Den Weg zu seinen tiefsten Quellen im Herzen finden

"Der Mensch ist nichts, wenn sein Herz leer ist." (S. 35)

"Jeder weiß, dass er in sich eine Stimme hat, die spricht, eine einfache und klare Stimme, die er zu oft erstickt. Denn sie ist fordernd und deutlich wie eine gerade Linie. Diese Stimme, die Quelle, gegen die wir uns sperren, nennt uns das Richtige, macht es uns möglich, unser Gleichgewicht zu finden, unser Ich zu befreien. Doch wir haben Angst, wir selbst zu sein."
(S. 43)

"Jeder Mann, jede Frau kann diese Kraft in sich finden. In uns ist eine mächtige Quelle, eine Energie, stärker als die von tausend Sonnen. Aber wer weiß davon?" (S. 33)

"Denn seine Quelle finden, die Richtung der Strömung erkennen, die uns trägt, das werden, was man sein soll,... das ICH ans Licht bringen, das im Tiefsten jedes Menschen ruht, das alles heißt, das Gesicht des Menschen anzunehmen. Dann erlischt der untergründige Hass. Der Mensch ist sich selbst offen... Er ist imstande, die Welt und die anderen als das zu erkennen und anzuerkennen, was sie sind. Der Mensch ist ein Mensch geworden!" (S. 38f)

"Und wenn das Leiden ausbricht, und das tut es eines Tages, weil der Tod immer gegenwärtig sein wird, bleibt noch die Hoffnung, dass der Mensch dieses Leiden meistern und fruchtbar machen kann, dass er daraus die Gewissheit eines sinnvolleren, erhabeneren, besseren Daseins gewinnt: in diesem zerbrechlichen Wunder, das Leben heißt." (S. 227f)

"Die Prüfung ist für den Menschen das Mittel, sich kennen zu lernen und zu wachsen.
Leiden und Unglück und Ungerechtigkeit lassen den Diamanten heller leuchten, der im Herzen jedes wahren Menschen ist." (S. 72f)

7. Hoffnung von einer Stätte des Friedens

Text: H.J. Eimüller - Musik: P. Janssens - Aus: Menschenkreuzweg 1982, Station 6.2
Alle Rechte im Peter Janssens Musik Verlag, Telgte-Westfalen

Fünfte Annäherung an Martin Gray:

Des Lebens Ruf an uns wird niemals enden

„Man weiß nie, welche Kraft die Quellen des Lebens haben. Doch Leben heißt, die Mauern zu überwinden wagen, die man vor sich selbst errichtet. Heißt wagen, die Grenzen zu überschreiten, die man sich setzt. Leben heißt immer darüber hinaus gehen." *(S. 170)*

„Wenn wir uns nur um uns selbst kümmern, wenn wir uns der Regel dieser Zeit anpassen, nach der wir uns vor allem um uns selbst kümmern sollen, dann glauben wir, das Beste für uns zu tun. Wir glauben, unseren Besitz zu vergrößern, doch wir werfen ihn in einen Abgrund. Der Mensch, der sich für andere öffnet, bereichert sein Leben. Denn der Reichtum eines Lebens entsteht aus Begeisterung und Freude, die sich nur dann einstellen, wenn man sich selbst überschreitet. Wer nur für sich allein besitzen will, lebt in einer Wüste: Er wird von seinem Besitz begraben. Wer den anderen entgegenkommt, wer mit den anderen lebt, geht auf die Oase zu." *(S. 201)*

„Denn das Leben, dem man sich verweigert, das Leben, das man in sich erstickt, wird Tag für Tag mehr zu einer zerstörenden Gewalt, die wie ein immer breiterer Strom die Persönlichkeit unterhöhlt und jedes mögliche Glück vernichtet." *(S. 181)*

„Leben heißt teilnehmen.
Nicht in sich eingeschlossen sein.
Das eigene Leben der Welt öffnen." *(S. 169)*

„Wir müssen uns Pläne vornehmen, an denen wir wachsen. Pläne, die das Leben nach oben spannen. Die uns verpflichten, uns eher für den Gipfel als für den Graben zu entscheiden. Großzügige Pläne machen das Leben großzügig. Und erlauben dem Menschen, sich zu entfalten. Sich zu erheben." *(S. 163f)*
„Ein Leben muss, wenn es erfüllt sein soll, nicht gegen sondern für jemanden oder etwas gelebt werden.   Für.

Weil das Leben eine Ganzheit ist, eine einzige Pflanze. Und wenn man den anderen draußen wehtut, tut man auch sich selbst tief innen weh." (S. 164)

„Mein Leben hat einen Sinn, weil mich die Brüderlichkeit der anderen umschließt. Denn kalte Vernunft genügt dem Menschen nicht. Sie ist nur die Erde, die Wasser braucht, damit die Keime sprießen. Das Wasser, das ist die Liebe, das sind die anderen, das ist die Hoffnung, der Glaube, dass schon morgen in jedem Menschen das Neue und Schöne entsteht, die Gewissheit, dass der Mensch in Frieden und Zufriedenheit leben kann, mit sich selbst und den anderen." (S. 227)

8. Des Lebens Ruf an uns wird niemals enden (Lied für Martin Gray)
(Text und Vertonung: Lasse Los)

1. *Des Lebens Ruf an uns wird niemals enden.*
   Des Lebens Ruf an uns will Hoffnung spenden.
   Des Lebens Ruf an uns will Vertrauen wecken.
   Des Lebens Ruf an uns lässt Sinn entdecken.

2. *Des Lebens Ruf an uns wird niemals enden.*
   Des Lebens Ruf an uns will Verzweiflung wenden.
   Des Lebens Ruf an uns will Trost zusagen.
   Des Lebens Ruf an uns lässt Leid ertragen.

3. *Des Lebens Ruf an uns wird niemals enden.*
   Des Lebens Ruf an uns wird uns nicht blenden.
   Des Lebens Ruf an uns lässt Wahres sichten.
   Des Lebens Ruf an uns will uns aufrichten.

4. *Des Lebens Ruf an uns will uns aufwecken.*
   Des Lebens Ruf an uns lässt uns anecken.
   Des Lebens Ruf an uns spornt an zum Handeln
   Des Lebens Ruf an uns will alles wandeln.

8. Des Lebens Ruf an uns

Text+Musik
Lasse Los

Sechste Annäherung an Martin Gray:

Leben lässt sich nur gewinnen, wenn man liebt

„Denn Leben ohne Liebe ist nichts." (S. 115)

„Verzichtet man auf das Lieben und wählt man lieber das, was man für klug hält, vergisst man, dass Leben ein Werk der Liebe ist, dann kommt der Tag, an dem man entdeckt, dass man verloren hat. Das Leben lässt sich nur gewinnen, wenn man liebt." (S. 116)

*„Da, wo die Liebe fehlt, entstehen Angst
und Langeweile."* (S. 117)

„Liebe ist niemals Zwang. Sie ist Freude, Freiheit, Kraft. Und sie tötet die Angst." (S. 117)

„Lieben heißt, Worte, Blicke, Hoffnung und Sorgen miteinander teilen." (S. 125)

*„Liebe ist Hingerissenheit.
Liebe ist Begeisterung.*

*Liebe ist ein Wagnis...
Liebe ist Großmut.*

*Liebe ist Verschwendung.
Wer viel gibt, empfängt auch viel.
Denn wir besitzen nur, was wir geben."* (S. 118)

„Anderen helfen ist immer noch die beste Art, sich selbst zu helfen." (S. 93)

„Doch lieben heißt nicht, den anderen an sich zu fesseln; wer liebt, will, dass der andere sich entfaltet...

*Lieben heißt, den anderen nicht zu behindern,
zu beherrschen, sondern ihn auf seinem Weg zu begleiten,
ihm zu helfen."* (S. 120)

„Den anderen zu bejahen, so wie er ist. Fröhlich zu sein über das Glück, das er empfindet." (S. 121)

„Lieben heißt, dass man es versteht, dem anderen Vertrauen zu sich selbst zu geben." (S. 129)

„Damit der andere dich hört, damit er dir entgegenkommt, damit die Einsamkeit aufhört, muss man wahr sein, muss man waffenlos, mit der unsichtbaren Kraft der Brüderlichkeit, vorwärtsgehen." (S. 90)

9. Du bist, Du wirst sein, Bruder, Freund, Begleiter (Kanon)

Text: Hermann J. Eimüller - Musik: Peter Janssens - Aus: Menschenkreuzweg 1982, Station 9.2
Alle Rechte im Peter Janssens Musik Verlag, Telgte-Westfalen

Siebte Annäherung an Martin Gray:

Der Mensch steht am Kreuzweg

„*Der Mensch steht am Kreuzweg, vor sich hat er zum ersten Mal eine Zukunft, deren Gesicht er jetzt schon erkennt, falls er nichts tut: In jedem Jahr Dutzende von Millionen neuer Menschen, Milliarden Menschen auf dieser Erde, und die ungesteuerte Produktion, die den Boden, das Wasser und sogar den Himmel zerstört. Am Ende dieses Weges die Gewalttätigkeit, die Auflösung, der Hunger. Aber es gibt einen anderen Weg, den Weg zu einer friedlichen Ordnung der Welt.*" (S. 210)

„*Ich bin nichts als die Stimme eines Menschen, der die Barbarei des Krieges kennen gelernt hat, nur die Stimme eines Zeugen und eines Mannes, der alles verloren hat, was er liebte. Durch den sinnlosen Brand eines Waldes, der nicht geschützt wurde.*" (S.210)

„*Aber ich habe das Recht zu sprechen; nicht, weil ich mir einbilde, Weisheit zu besitzen. Ich habe nur eine bescheidene Überlegenheit, die meines Leidens.*

Und ich habe meine Stimme, die sich erhebt. Die da sagt:

>>*Das Leben ist unzerstörbar. Trotz dem Tod.*
Die Hoffnung ist ein frischer Wind,
der die Verzweiflung wegfegen muss.
Der andere ist eher Bruder als Feind.
Um zu leben, muss man die Liebe und
die Hoffnung auf sich nehmen.<<." (S. 228)

„Und meine Stimme erhebt sich und wiederholt:

>>*Dass man niemals an sich und an der Welt verzweifeln darf. Dass die Kräfte in uns, die Kräfte, die uns erheben können, gewaltig sind. Dass unser Wille eine unvermutete Kraft besitzt. Dass wir, wenn wir es wollen, immer neu aufbauen können.*<<

Und wieder sagt meine Stimme:

>>Lasst uns von der Liebe reden und nicht die Worte des Zorns und der Zuchtlosigkeit gebrauchen. Um die Brüderlichkeit zu verteidigen, muss man alles wagen. Und manchmal müssen wir gegen uns selbst kämpfen und gegen die anderen, die in sich die barbarischen Dämonen hochkommen lassen.<<

Und meine Stimme ruft:

>>Es ist die königliche Bestimmung und die Qual des Menschen, immer wieder neu anzufangen, um die Flamme der Hoffnung weiterzutragen, trotz dem Tod, der wie ein Meer kommt, um die Spuren der Schritte im Sand zu löschen.<<

Und ich schreie hinaus:

*>>Das Leben beginnt heute und jeden Tag,
das Leben ist die Hoffnung.*

Man muss mir glauben, weil ich es durchlebt habe.<< .''
(S. 229)

10. Instrumental

11. Nachspiel

Die Seitenangaben der Zitate beziehen sich auf:
Martin Gray: „Des Lebens Ruf an uns wird niemals enden"
Kreuz Verlag Stuttgart 1980, 2. Auflage
Abdruck mit freundlicher Genehmigung des Autors

<u>**Weitere deutschsprachige Literatur von Martin Gray:**</u>
Martin Gray: Leben - Fribourg/Schweiz 1973 (Lebenslauf bis zum Waldbrand 1970 – später als TB erschienen unter dem Titel:
Der Schrei nach Leben)

Martin Gray: Wie ein Baum gepflanzt an Wasserbächen, Stuttgart 1981
Martin Gray: Wörterbuch des Lebens, Stuttgart 1982
Martin Gray: Licht am Ende der Nacht, München 1988
(Fortsetzung von: Der Schrei nach Leben)

<u>**Dreiteiliger Film: Der Schrei nach Leben samt Interview mit Martin Gray auf DVD**</u>, Filmverlag Fernsehjuwelen 2011, 340 Min.

Aus einem Brief an Martin Gray im Januar 1996

Lieber Herr Gray!

.... Vor 16 Jahren wurde ich auf Ihr erstes Buch „Der Schrei nach Leben" aufmerksam und seitdem hat es mich nicht mehr losgelassen.
Nach der Lektüre Ihres Buches waren meine Probleme, die mich damals fast zu ersticken drohten, gegen Null geschrumpft. Selten habe ich einen solchen aufbauenden Kraftschub erlebt, wie nach dieser Lektüre. Als ich dann in Ihrem zweiten Buch „Des Lebens Ruf an uns wird niemals enden" den Hinweis fand, dass Ihr erstes Buch sogar ein >>Lebensretter für Suizidale<< war, konnte ich dies` gut nachvollziehen.
In der Folgezeit habe ich Ihre Bücher in meiner Jugendarbeit vorgestellt: In Jugendgruppen, bei Jugendfreizeiten, bei Seminaren über die Sinnfrage und auch in meiner Jugendberatungsarbeit, immer mit dem Ergebnis großer Betroffenheit und intensiver Auseinandersetzung. Bei einem latent schizophrenen Jugendlichen brach nach der Lektüre eine heftige Heilungskrise aus, die ihn soweit gesunden ließ, dass er mit seiner psychotischen Beeinträchtigung selbstständig leben kann, obwohl dies vorher keiner für möglich gehalten hat.
Als dann Ihr Buch verfilmt worden war und als dreiteiliger Videofilm zur Verfügung stand samt Ihrem Interview mit dem Zweiten Deutschen Fernsehen, konnte ich Ihr bewegendes Schicksal noch intensiver an Jugendliche herantragen. Vor allem in unserer Jugend-Kultur-Arbeit, bei Sommerfreizeiten

und bei thematisch gebundenen Kursen erlebte ich eine bewegende Resonanz bei Jugendlichen mit anschließenden tief berührenden Diskussionen....

Da ich mit Jugendlichen auch viel Musik-Arbeit mache und schon einige bemerkenswerte und hilfreiche Menschen musikalisch porträtiert* habe, kam mir eines Tages die Idee, auch Ihr Schicksal, soweit Sie es in Ihrem ersten Buch schildern, und Ihre Einsichten aus Ihrem zweiten Buch musikalisch und textlich als Musik-Text-Collage aufzuarbeiten. Das Ergebnis liegt als Skript mit Liedblatt und Audio-Kassette bei!

Mit der Jugendband VETOREX und dem Gesangsensemble SALVATON habe ich diese Musik-Text-Collage einstudiert, mehrfach in Kirchengemeinden und anderen Institutionen aufgeführt und dann heimstudiomäßig aufgenommen. Ich hoffe, sie wird Ihnen – trotz laienhafter Aufnahmetechnik – genauso gut gefallen, wie den Vielen, denen wir sie live vorgespielt haben. Wir sind sehr gespannt auf Ihre Reaktion!....

Der Höhepunkt der ganzen Musikaktion ... war eine vierzehntägige Sommer-Tournee-Freizeit auf der Ostseeinsel Rügen im letzten Jahr. Bei vier Auftritten im Rahmen eines sommerlichen Konzertprogrammes haben wir viele Menschen erreicht, beeindruckt bis begeistert und neugierig gemacht auf Ihr Buch „Der Schrei nach Leben", das wir – insgesamt bei allen Auftritten - etwa 250 Mal verkauft haben.

Bei allen Auftritten haben wir keinen Eintritt genommen, sondern um eine freiwillige Spende für Ihre „Dina-Gray-Stiftung" gebeten. Das Ergebnis von mehreren tausend DM möchten wir Ihnen jetzt überweisen....

Worüber noch zu sprechen wäre: Ihre Rechte an Ihren Texten? Teilen Sie mir bitte Ihre Ansprüche mit....

In der Hoffnung auf eine baldige Antwort, grüße ich Sie herzlich, auch im Namen von VETOREX und SALVATON und vielen anderen Jugendlichen und Erwachsenen,

Ihr Lasse Los

(* u.a. Gesine Wagner und Etty Hillesum)

Nach einigen Wochen rief mich Martin Gray an: Er sei überrascht, erstaunt und beglückt über unseren musikalischen Einsatz, bedanke sich herzlich dafür, freue sich sehr über unsere Spendeneinnahme für die Dina-Gray-Stiftung und erlaube mir ausdrücklich, die ausgewählten Texte im Rahmen der Musik-Text-Collage zu veröffentlichen. Kurze Zeit später erhielt ich von ihm ein Buchgeschenk, sein „Wörterbuch des Lebens" mit einer Widmung:

> FÜR PETER* UND DIE
> ENSEMBLE VETOREX UND
> SALVATON
>
> MIT FRIEDEN,
> KRAFT,
> FREUDE,
> MUT
> UND HOFFNUNG
>
> 7 AM. 1996
>
> SEHR EMPFINDLICH AUF
> IHRE JUGENDARBEIT.
> DANKE FÜR IHRE KASSETTE.

(*Mein bürgerlicher Vorname ist Peter.)

Im Gesangsensemble SALVATON engagierte sich auch eine Jugendliche namens Annalena*, die in eine tiefe Lebenskrise mit suizidalen Impulsen geschlittert war. In einem langen Brief an Martin Gray beschrieb sie es: Sie sehe im Leben keinen Sinn mehr. Warum solle sie sich nicht umbringen? Daraufhin reagierte Martin Gray sofort: Er rief mich an, bat mich, ihm die die Telefonnummer von Annalena zu überlassen und war fest entschlossen, sie bei einem Telefongespräch von ihrem Vorhaben abzubringen. Ich schrieb ihm dazu:

„Annalena ist eine sehr sensible Jugendliche, die u.a. auch darunter leidet, was die deutschen Henker samt Mitläufern den Juden im Holocaust angetan haben. Ich lernte sie kennen, als sie in einem Kurs von mir auftauchte, in dem ich auch Ihr Schicksal anhand Ihres ersten Buches darstellte und Sänger und Sängerinnen für die geplante Musik-Text-Collage suchte. Annalena fiel mir durch ihre große Ernsthaftigkeit auf. Sie war die erste, die Ihr Buch las, ja regelrecht verschlang; sie war sofort bereit, mitzusingen. In der Folgezeit habe ich etliche Gespräche mit ihr geführt, weil sich ihr seelischer Zustand ziemlich verdüsterte – bis hin zu suizidalen Impulsen. Mittlerweile hat sie sich aber wieder etwas gefangen, es scheint aufwärts zu gehen. Ihr Anruf wird ihr sicherlich sehr gut tun und ihren neuen Mut zum Leben stärken."

Als Annalena von mir erfuhr, dass Martin Gray mit ihr telefonieren wollte, erlitt sie einen heilsamen Schock. Nein, nein, Martin Gray, dieser berühmte und von uns besungene Mann, solle sie nicht anrufen! Nein, sie würde nicht mit ihm sprechen, ihre Scheu davor sei viel zu groß!

Er hat es wohl versucht, doch ließ sie sich nicht von ihm erreichen. Offensichtlich hat aber dieses Ereignis mit dazu beigetragen, dass sie heute noch lebt, Psychotherapeutin geworden ist und anderen in ihren Krisen beisteht

(*Name aus Datenschutzgründen geändert!)

Nach dem Tod seiner ersten Familie 1970 wollte Martin Gray nicht ohne Kinder weiter leben. Er heiratete 1976 seine zweite Frau Virginia und hatte mir ihr noch fünf Kinder. Am 24. April 2016 starb er, drei Tage vor seinem vierundneunzigsten Geburtstag, in seinem letzten Domizil in Ciney in Belgien.

Kritik an Martin Gray

>>Es wurden wiederholt Zweifel an der Korrektheit bzw. Wahrhaftigkeit von vorgeblich autobiografischen Angaben in Grays Büchern geäußert, so vom polnischen Widerstandskämpfer Waclaw Kopisto. Auch hat Gray der Tatsache nicht widersprochen, dass der französische Historiker Max Gallo als Ghostwriter umfänglich an der Entstehung von *Au nom de tous les miens (deutsch: Der Schrei nach Leben)* beteiligt war.
Die Historikerin Gitta Sereny berichtet, dass sie Gray in einer Promotionveranstaltung für sein Buch in London darauf angesprochen habe, dass das, was er über Treblinka geschrieben habe, unwahr sei. Sereny fand heraus, dass der Verleger Grays ihn aufgefordert habe, den polnischen Teil seiner Autobiographie zu dramatisieren, worauf Gray sich für Monate in das jüdische Archiv in Paris zurückgezogen habe. Zudem habe er das Treblinka-Buch von Jean-Francois Steiner (*Treblinka: la révolte d'un camp d'extermination, 1968 – deutsch: Treblinka. Die Revolte eines Vernichtungslagers. 1994*) ausgewertet und dabei dessen Fehler übernommen. Steiner seinerseits wollte sein Buch nach der profunden Kritik nurmehr als „Roman" oder „Tatsachenroman" gewertet wissen.... Sereny gegenüber habe Gallo zugegeben, dass er ein längeres Kapitel über Treblinka von Gray gefordert habe, *because the book required something strong for pulling in readers*. Gray, von Sereny damit konfrontiert, dass er nie in Treblinka war, fragte: *But does it matter? Wasn't the only important thing that Treblinka did happen, that it should be written about...*<<

(Aus: https://de.wikipedia.org/wiki/Martin_Gray)

Anmerkung zur Kritik an Martin Gray

Auch wenn die Kritik berechtigt sein sollte, so hat Martin Gray in seinem Leben doch genug durchlitten und ist zu Einsichten gelangt, die in dieser Musik-Text-Collage zur Sprache kommen. Sie sind sehr hilfreich und bleiben zeitlos gültig.

In der Reihe Edition LOS sind außerdem erschienen:

Band 1: Lasse Los: Im Staunen bin ich frei gesetzt
Gedichte, Lieder, Texte - 2001 - Neuauflage 2016
BoD, Norderstedt

Band 2: Lasse Los: Verwundert
Heilsames Misslingen   - Testlauf in der Kunst des Scheiterns
Gedichte und Briefe - 2001, erweiterte Neuauflage 2016
BoD, Norderstedt

Band 3: Lasse Los: *R*-AUSGEFLOGEN
Ein bunter Abgesang auf einen Kreuzweg in und aus
realexistierender Kirche! Texte, Gedichte und Briefe - erste
Version 2001 - erweiterte Neuauflage 2016 - BoD, Norderstedt

Band 4: Lasse Los: Seid ihr noch zu retten?
Tiefenökologische und spirituelle Gleichnisse als Music-
Textivals - erste Version 2001 - erweiterte Neuauflage 2016
BoD, Norderstedt

Band 5: Lasse Los: Den Umkehr-Blick wagen
Wort-Bilder und Gedichte – Erstauflage 2016
BoD, Norderstedt